高等职业教育汽车制造类专业系列教材
“互联网+”新形态立体化教学资源精品教材

新能源汽车维护与保养

主 编 · 侯 迪　谢 凯　聂 进

中国轻工业出版社

图书在版编目（CIP）数据

新能源汽车维护与保养/侯迪，谢凯，聂进主编. —北京：中国轻工业出版社，2025.6
ISBN 978-7-5184-4186-0

Ⅰ.①新… Ⅱ.①侯… ②谢… ③聂… Ⅲ.①新能源—汽车—车辆修理—教材②新能源—汽车—车辆保养—教材 Ⅳ.①U469.7

中国版本图书馆CIP数据核字（2022）第213566号

责任编辑：王 淳　　文字编辑：宋 博
策划编辑：宋 博　　责任终审：高惠京　　封面设计：锋尚设计
版式设计：霸 州　　责任校对：宋绿叶　　责任监印：张京华

出版发行：中国轻工业出版社（北京鲁谷东街5号，邮编：100040）
印　　刷：三河市国英印务有限公司
经　　销：各地新华书店
版　　次：2025年6月第1版第2次印刷
开　　本：787×1092 1/16 印张：10
字　　数：250千字
书　　号：ISBN 978-7-5184-4186-0 定价：43.00元
邮购电话：010-85119873
发行电话：010-85119832 010-85119912
网　　址：http://www.chlip.com.cn
Email：club@chlip.com.cn

如发现图书残缺请与我社邮购联系调换
250854J2C102ZBW

本书编写人员

主　编　侯　迪　谢　凯　聂　进

副主编　肖卫兵　徐玉娟　彭　勇

参　编　彭　新　欧明文　黄波英

　　　　　卢文婕　叶　青

内容简介

本书基于“岗课赛证”四维融合理念，在课程思政的背景下，以电动汽车运用技术为核心重点讲解纯电动汽车维护与保养基础知识、纯电动汽车动力系统的维护与保养、纯电动汽车驱动系统的维护与保养、纯电动汽车悬挂转向制动系统的维护与保养、纯电动汽车空调系统的维护与保养 5 大项目，每个项目下包含若干个任务，共计 13 个任务，每个任务都配有教学视频，使学生通过实操演示提高记忆，再通过［实践技能］的实操环节，使学生提高肌肉记忆，如此理论与实践的反复训练，使学生达到职场职业素质要求。

基于 BOPPPS 教学模型进行教学设计，基于工作过程，每个学习任务以任务目标、任务描述、知识储备、实践技能、任务小结、任务工单考核 6 个环节为主线设计，将思政元素融入任务目标中，在任务工单中突出学生素质的考核，与项目式教学、情景式教学相适应。

本书适合高职高专院校汽车制造类各专业使用，可供应用型本科院校相关专业使用教材，也可以作为汽车维修企业培训技术人员的参考用书。

本书有课件、视频、动画等配套资源，扫描书中二维码即可获取。同时还有在线开放课程，网址：http：//www. chlip. com. cn/qrcode/210510J2X101ZBW/2001. html，欢迎广大读者与我们在线交流。

在线开放课程

前 言

根据数据统计 2022 年上半年全球新能源汽车销量超过 422 万辆，同比增长 66.38%，再创新高。其中，中国新能源汽车销量达到 260 万辆，占全球销量六成以上；市场渗透率超 21.6%，保有量突破 1100 万辆。新能源是国家重点支持的战略性新兴产业，《新能源汽车产业发展规划（2021～2035）》明确指出，到 2035 年，纯电动汽车称为新销售车辆的主流，公共领域用车全面电动化，汽车产业的转型升级对汽车后市场人才的素质、技能提出了新的需求。

为了满足新能源汽车后市场岗位需求，帮助职业院校学生毕业后能够迅速地适应工作环境和工作要求，结合新能源汽车维修企业岗位需求、湖南省新能源汽车技术与服务赛项以及汽车运用与维修（含智能新能源汽车）“1＋X”证书考核标准，参照《新能源汽车维护技术标准（试行）》，严格按照新能源汽车维护与保养流程，以工作过程为导向，提取典型岗位工作任务，保证课程内容与岗位工作任务向对应，课程要求和岗位要求相一致。

本教材采用任务驱动模式，每个项目包括若干个任务，每个任务按照任务目标、任务描述、知识储备、实践技能、任务小结、任务工单 6 步法进行教材编写。本教材配有“任务工单”，在完成理论学习的同时，通过实训工单进行技能训练，在任务工单的考核中重点突出对学生职业素质的考核，实现学生的全面发展。

为方便职业院校开展线上和线下混合式教学，编者与吉利汽车有限公司共同建设了教材配套的精品在线课程，包含大量的动画、视频等教学资源。在本书的编写过程中，将这些配套教学资源以二维码的形式嵌入书中，供同学们自主学习。

本教材由湖南电气职业技术学院、湖南国防工业职业技术学院以及娄底职业技术学院合作编写，由侯迪、谢凯、聂进担任主编，肖卫兵、徐玉娟、彭勇担任副主编，具体任务分工如下：

项目一　纯电动汽车维护保养基础知识由侯迪、肖卫兵编写；项目二　纯电动汽车电池系统的维护由谢凯、彭勇编写；项目三　纯电动汽车驱动系统的维护与保养由聂进、徐玉娟、黄波英编写；项目四　纯电动汽车悬挂转向制动系统的维护与保养由侯迪、肖卫兵、叶青、卢文婕编写；项目五　纯电动汽车空调系统的维护与保养由侯迪、欧明文、彭新编写。

在教材的编写过程中，吉利汽车股份有限公司提供大量的设备支持，在此表示衷心的感谢。在编写过程中，还参考了大量的国内外相关的著作和文献资料，在此一并向所有的作者表示衷心的感谢！

由于编者水平有限，书中难免有不妥之处，恳请广大读者批评指正。

编者

目　录

项目一

纯电动汽车维护保养基础知识

本项目主要包括纯电动汽车维护保养认知、纯电动汽车维修企业安全6S管理以及汽车维护保养仪器设备使用。通过本项目的学习，学生可以掌握纯电动汽车维护保养认知、纯电动汽车维修企业安全6S管理以及汽车维护保养仪器设备使用的职业素质、职业知识和职业技能。

任务一　纯电动汽车维护保养认知

教学课件

新能源汽车
维护保养认知

任务目标

素质目标：

1. 培养学生爱岗敬业的职业精神；
2. 培养学生诚实守信的职业道德。

知识目标：

1. 归纳纯电动汽车保养周期内的作业项目；
2. 总结汽车维护周期指示器的复位流程。

技能目标：

1. 能够根据车辆的实际情况制订维护保养计划；
2. 能够安全规范地使用完成维护保养里程清零。

任务描述

纯电动汽车吉利帝豪EV450做13000km保养，保养完成后，维修技师根据车辆维护保养手册的规定，需要维护保养里程清零。那么，如何进行维护保养里程清零？

知识储备

教学视频

汽车维护
保养认知

汽车维护与保养是为保持汽车技术状况，发现并消除汽车使用过程中可能会出现的故障隐患，防止其早期损坏的主要手段。具体来说是指定期对汽车相关部件进行检查、清洁、补给、润滑、调整和更换某些零件的预防性工作。正确及时地维护是延长汽车使用寿命、安全可靠并充分发挥使用效能的重要保障。一般来说，汽车维护作业占维修企业约70%的工作量。

新能源汽车是指采用非常规的车用燃料作为动力来源（或使用常规的车用燃料、采用新型车载动力装置），综合车辆的动力控制和驱动方面的先进技术，形成的技术原理先进、具有新技术、新结构的汽车。

新能源汽车包括纯电动汽车、增程式电动汽车、混合动力汽车、燃料电池电动汽车、氢发动机汽车、其他新能源汽车等。本书主要讲述纯电动汽车维护与保养。

教学视频

维修资料的使用

纯电动汽车维护保养的分类与周期

在新能源汽车使用过程中，由于车辆技术状态及使用条件的不同，在各个时期对车辆维护的作业内容也不相同。目前，新能源汽车维护作业主要依据《汽车维护、检测、诊断技术规范》（GB/T 18344—2016）及于 2018 年上海市出台的《新能源汽车维护技术标准（试行）》，将新能源汽车维护分为定期维护和非定期维护两大类。定期维护分为日常维护、一级维护和二级维护；非定期维护分为按需维护（季节性维护）和免拆维护两大类。

（一）汽车维护保养的分类

汽车维护一般分为定期维护和非定期维护两种，定期维护分为日常维护、一级维护和二级维护三类，非定期维护可分为季节性维护和免拆维护两类，具体如表 1-1 所示。

表 1-1　汽车维护的种类及作业范围

维护种类		作业范围
定期维护	日常维护	日常维护作业以清洁、补给和安全检查为中心内容进行 （1）坚持“三检”，即在出车前、行车中、收车后检查车辆的安全机构及各机件连接的紧固情况 （2）防止“四漏”，即防止冷却液泄漏、制动液泄漏、齿轮油泄漏以及漏电
	一级维护	一级维护作业内容除日常维护作业外，以清洁、润滑和紧固为主，并检查与制动、操纵等安全性相关的部件
	二级维护	二级维护作业内容除一级维护作业外，以检查和调整转向节、转向节臂、制动器、悬架等经过一定时间使用后容易磨损或变形的部件为主，并进行轮胎检查及换位
非定期维护	季节性维护	由于冬夏两季温差大，为使车辆在冬夏两季都能够合理使用，在换季之前应该结合定期维护并附加一些相应的项目，使汽车适应气候变化后的运行条件，此种附加性的维护称为季节性维护，通常指冷却系统的维护
	免拆维护	指在突出“不解体”的前提下，用专用设备及保护用品对冷却系统、制动系统等进行的清洁、补给维护

（二）纯电动汽车维护周期

纯电动汽车维护周期是指汽车进行同级维护之间的间隔期（行驶里程或时间）。我国国家标准《汽车维护、检测、诊断技术规范》（GB/T 18344—2016）关于汽车维护周期规定如下：

（1）日常维护在出车前、行车中、收车后。

（2）汽车一、二级维护周期的确定，应该以汽车的行驶里程或时间为基本依据。汽车一、二级维护里程依据车辆使用说明书的有关规定，同时依据汽车使用条件的不同，由省级交通行政主管部门规定。

（3）一、二级维护时间间隔，对于不便使用行驶里程统计、考核汽车，可使用行驶时间确定一、二级维护周期。其时间可依据汽车使用强度和条件不同，参照汽车一、二级维护里程周期确定。

（4）吉利帝豪 EV450 纯电动汽车的维护周期如表 1-2 所示，是以汽车累计行驶里程（10000km）为参考，可分为 A 级维护和 B 级维护。根据整车驾驶性能及供应商要求，整车将在维护时进行软件更新。

表 1-2　　吉利帝豪 EV450 纯电动汽车的维护周期

类别	维护项目	累计行驶里程(km)/时间(月)					
		3000/3	130000/9	230000/15	330000/21	430000/27	以此类推
A 级维护	全车维护	√		√		√	
B 级维护	高压、安全维护		√		√		√

实践技能

一、吉利帝豪 EV450 纯电动汽车的维护内容

吉利帝豪 EV450 纯电动汽车的维护项目主要可以分为动力电池与充电系统维护、驱动冷却系统维护、转向系统、制动系统、行驶系统、电动空调系统及车身的维护，如表 1-3 所示。

表 1-3　　吉利帝豪 EV450 纯电动汽车的维护内容

总成	保养项目	保养内容
动力电池总成	电池箱外围	电池箱体（含尾部挂梁）与车辆底盘的固定螺柱紧固
		电池箱体（含尾部挂梁）与车辆底盘的固定螺柱腐蚀/破损
		高压连接器公插与母插清洁度/腐蚀/破损
		低压连接器公插与母插连接可靠性
		低压连接器公插与母插清洁度/腐蚀/破损
		电池箱箱体划痕/腐蚀/变形/破损
		电池下箱体底部防石击胶划痕/腐蚀/破损
	电池状态	检查电池状态参数/SOC/温度/cell 电压
		检查 Pack 绝缘阻值
驱动电机	清洁	清洁电机外壳体，保证无水渍、泥垢
	电机水冷系统	检查管路有无老化、渗漏
		检查水泵是否有冷却液渗漏
	电机机械连接紧固	检测螺栓上的漆标，若漆标位置有移动则对螺栓进行紧固，若无则不做要求
	接地线连接	电机接地线部位的接地电阻不大于 0.1Ω
冷却系统	冷却液	检查或更换
减速器	齿轮油	检查或更换
车载充电机	一般检查	清洁
		高、低压插接件表面完好无破损，牢固
		接地线牢固无松动
		充电机安装牢固，无松动
		充电机诊断测试
驱动电机控制器	绝缘，接地，检测	绝缘电阻≥100MΩ；接地电阻≤100mΩ
	不可维修件，无需保养	
分线盒	无需保养	

【注意】 该保养项目表特指帝豪EV车型专用件保养项目，其他常规保养项目与帝豪EC7（FE-3/4）保持一致。

二、吉利帝豪EV450纯电动汽车维护周期清零

当维护作业完成后，要进行维护周期指示器复位。维护周期指示器的作业流程如下。

1. 准备工作

（1）车辆正确停至工位。

（2）安装车轮挡块。

（3）目测车辆外观无异常。

（4）铺设车内三件套（脚垫、座椅套、方向盘套）。

2. 维护里程灯清零

（1）拉紧驻车制动器并踩下制动踏板。

（2）将点火开关置于ON挡。

（3）按动仪表台上的按钮A，如图1-1所示，显示屏显示维护里程数，此数值表示距离下次维护里程数。

（4）按住按钮A并保持10s以上，直至维护里程复位至10000km。

（5）关闭启动开关并松开制动踏板。

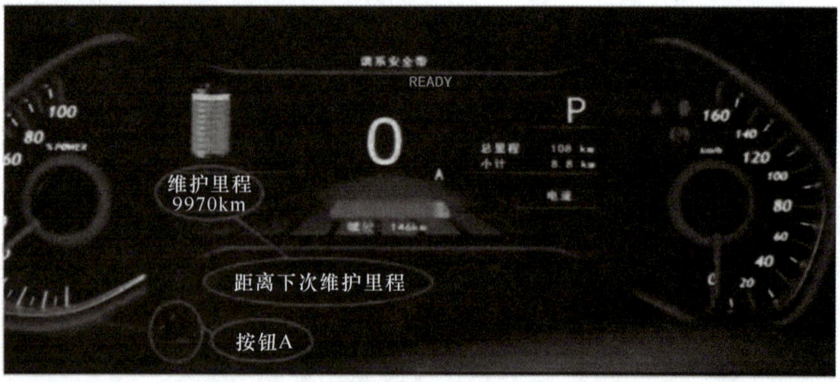

图1-1　维护里程灯清零

3. 场地6S

（1）整理工量具。

（2）清洁实训场地。

【警示】

1. 严禁违规使用绝缘工具、仪器仪表，注意轻拿轻放，有序操作。
2. 严格遵守实训规程，按照指导老师要求完成实训操作。
3. 为保证教学安全性，严禁在车辆行驶的条件下进行任何测试。

4. 严禁长时间针对辅助蓄电池进行放电操作，可采用其他低压电源设备替代。

5. 若仪器仪表出现故障问题，请立即停止一切操作，严禁私自拆卸修复。

任务小结

（1）汽车维护与保养是为保持汽车技术状况，发现并消除汽车使用过程中可能会出现的故障隐患，防止其早期损坏的主要手段。具体来说是指定期对汽车相关部件进行检查、清洁、补给、润滑、调整和更换某些零件的预防性工作。

（2）新能源汽车维护分为定期维护和非定期维护两大类。定期维护分为日常维护、一级维护和二级维护；非定期维护分为按需维护（季节性维护）和免拆维护两大类。

（3）吉利帝豪EV450纯电动汽车的维护项目主要可以分为动力电池与充电系统维护、驱动冷却系统维护、转向系统、制动系统、行驶系统以及电动空调系统及车身的维护。

（4）当车辆维护作业完成后，要进行维护周期指示器复位。

任务工单　纯电动汽车维护与保养基础知识

学院		专业	
姓名		学号	
小组成员		组长姓名	

知识重点

1. 纯电动汽车维护与保养是指定期对汽车相关部件进行检查、________、补给、________、调整和更换某些零件的预防性工作

2. 新能源汽车维护分为定期维护和非定期维护两大类。定期维护分为日常维护、一级维护和二级维护；非定期维护分为按需维护（季节性维护）和免拆维护两大类

3. 吉利帝豪EV450纯电动汽车的维护项目主要可以分为________、________、转向系统、制动系统、行驶系统、电动空调系统及车身的维护

任务方案

请各小组根据教材、维修手册、在线课程的示范操作视频，以小组为单位，自主探究具体实训任务方案，完成最终方案，并上传至网络学习平台

一、制订初拟实训任务方案

根据吉利帝豪EV450纯电动汽车维护保养指示器复位任务要求，制订吉利帝豪EV450纯电动汽车维护保养指示器复位的检查维护计划

制订吉利帝豪EV450纯电动汽车维护保养指示器复位初拟方案		
序号	作业项目	操作要点

续表

制订吉利帝豪 EV450 纯电动汽车维护保养指示器复位初拟方案		
序号	作业项目	操作要点
计划审核	审核意见： 年　月　日 签字：	

二、根据任务计划完成小组分工

操作人员		安全员	
记录员		审核员	

仪器设备、工具、耗材			
序号	名称	数量	检查是否正常
1			□是□否
2			□是□否
3			□是□否
4			□是□否
5			□是□否
6			□是□否
7			□是□否
8			□是□否
9			□是□否
10			□是□否

三、制订最终实训任务方案

根据吉利帝豪 EV450 纯电动汽车维护保养指示器复位维护任务要求，制订吉利帝豪 EV450 纯电动汽车维护保养指示器复位的计划

完善吉利帝豪 EV450 纯电动汽车维护保养指示器复位最终方案		
序号	作业项目	操作要点
计划审核	审核意见： 年　月　日 签字：	

任务实施

一、前期准备(20 分)			
实训内容	操作要求		
个人安全防护(10 分)	穿好工作服		
	佩戴绝缘手套		
	佩戴护目镜		
	穿绝缘鞋		
	不可佩戴金属首饰		
车辆防护(10 分)	目测车辆正确停至工位		
	安装车轮挡块		
	目测车辆外观无异常		
	安装车内三件套____________________		
	打开前机舱盖并安装车外三件套：____________________		
二、维护保养指示器复位(35 分)			
维护保养指示器复位	将点火开关置于(□ON □OFF)挡	结果判定	□正常 □损坏
	按动仪表台上的________按钮，显示屏显示维护里程数，此数值表示________		
	按住按钮并保持________以上，直至维护里程复位至________km	结果判定	□正常 □损坏
	关闭启动开关并松开制动踏板		
三、场地 6S(10 分)			
场地 6S	整理工量具	结果判定	□正常 □损坏
	车辆恢复		
	清洁实训场地		

任务检查

实训指导老师跟踪实训过程，检查实训结果，并结合整个实训过程给出改进措施及建议

序号	评价指标	评价结果
1	个人安全防护	
2	车辆安全防护	
3	维护保养指示器复位	
4	场地 6S	
意见和建议		
综合评价		

任务评价

结合自己在实训过程中的表现，进行自我评价及自我反思

一、自我评价

____

____

二、自我反思

____

____

实训成绩单

项目	评分标准	分值	小组自评分数（30%）	教师评价分数（70%）	综合分数
任务方案（20分）	制订电动汽车维护保养指示器复位的计划	10			
	能协同小组人员安排任务分工	5			
	能在实施前准备好所需要的工具器材	5			
任务实施（65分）	个人安全防护	10			
	车辆安全防护	10			
	维护保养指示器复位	35			
	场地6S	10			
注意：若出现安全违规操作，任务实施过程分值为0					
任务检查（10分）	学生任务完成，操作过程规范	10			
学生任务评价（5分）	学生能对自身表现情况进行客观评价	2			
	学生在任务实施过程中发现自身问题	3			
得分（满分100）					

教学课件

新能源汽车维修企业安全

任务二　纯电动汽车维修企业安全

任务目标

素质目标：

1. 培养学生安全规范的职业习惯；
2. 培养学生节能环保的职业习惯。

知识目标：

1. 归纳高压个人安全防护用品的使用方法及注意事项；
2. 认识纯电动汽车高、低压线束的布局。

技能目标：

1. 能够正确规范地使用高压个人安全防护用品；
2. 能够安全规范地布置纯电动汽车维修场地；
3. 能够安全规范地完成吉利帝豪EV450纯电动汽车的下电、上电作业。

任务描述

纯电动汽车吉利帝豪EV450做保养，维修技师根据车辆维护保养手册的规定，需要进行纯电动汽车的下电、上电作业。那么，纯电动汽车的下电、上电的作业内容有哪些？在整个过程中注意事项有哪些？

知识储备

教学视频

新能源汽车维修安全注意事项

一、新能源汽车高压系统组成部件

以吉利帝豪 EV450 纯电动汽车为例，整车高压系统由动力电池、车载充电机分线盒、电机控制器、驱动电机、高压控制系统、电动压缩机、PTC 以及高压线束等组成，其中动力电池、驱动电机、高压控制系统为纯电动汽车上的三大核心部件，如图 1-2 所示。

整车高压线束分为 6 段，如表 1-4 所示。

表 1-4　　吉利帝豪 EV450 纯电动汽车整车高压线束分布

序号	名称	起点	终点
1	动力电池高压母线(直流充电高压线束)	快充口	车载充电机分线盒
2	交流充电高压线束	慢充口	车载充电机分线盒
3	电机控制器高压线束	车载充电机分线盒	电机控制器
4	驱动电机三相高压线束	电机控制器	驱动电机
5	空调 PTC 高压线束	车载充电机分线盒	空调 PTC
6	空调压缩机高压线束	车载充电机分线盒	空调压缩机

图 1-2　吉利帝豪 EV450 纯电动汽车主要高压部件

二、高压安全防护

（一）个人安全防护用品

纯电动汽车维护保养涉及高压用电，在作业过程中维修人员必须按照规定做好个人安全防护，如图 1-3 所示。

1. 绝缘手套

电工绝缘手套由橡胶制成，如图 1-4 所示，通常需要具备两种独立的性能：

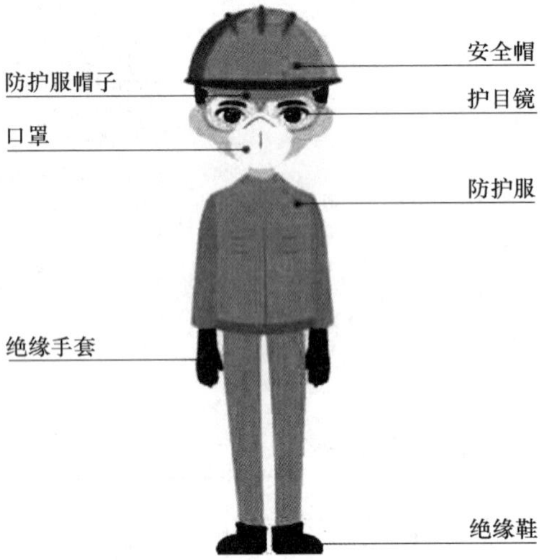

图 1-3　个人安全防护用品

（1）进行有关高电压部件或线路的操作时，能够承受 1000V 以上的工作电压。

（2）具备抗碱性，当工作中接触来自高压动力电池组的氢氧化物等化学物质时，能防止这些物质对人体的伤害。

绝缘手套需要定期检验，而且在每次使用前必须自行进行泄漏检查。检查的方法是向手套内吹入一定的空气，观察手套是否有漏气的风险，如图 1-5 所示。

2. 护目镜

维修高压电车辆用的护目镜应该具有正面及侧面防护功能，防止维修过程中产生的电火花及电池电解液飞溅对眼睛的伤害，如图 1-6 所示。

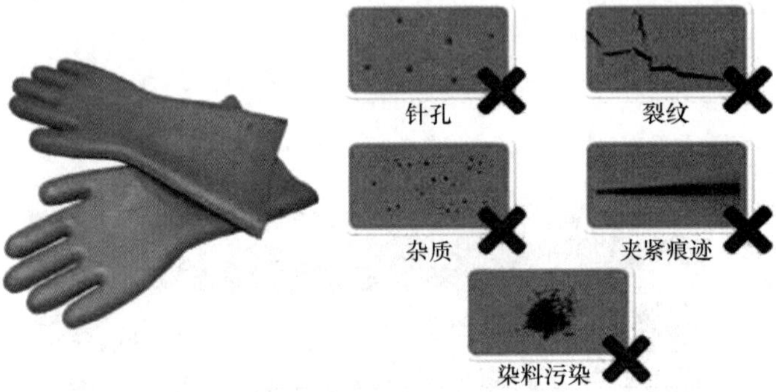

图 1-4　绝缘手套

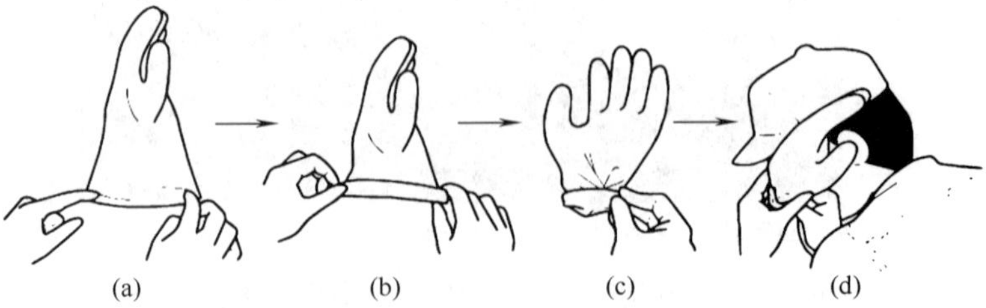

图 1-5　绝缘手套的检查

3. 绝缘安全鞋

绝缘安全鞋（靴）的作用是使人体与地面绝缘，防止电流通过人体与大地之间构成通路，对人体造成电击伤害，把触电时的危险降低到最低程度，因为触电时电流是经接触点通过人体导入地面的，所以电气作业时不仅要戴绝缘手套，还要穿绝缘鞋。

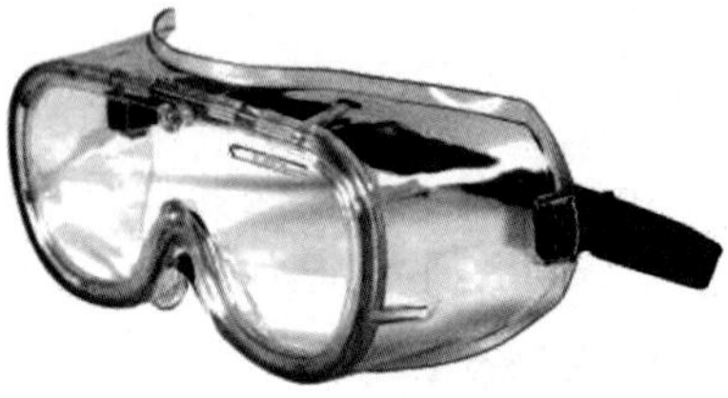

图 1-6　护目镜

绝缘鞋根据 GB 21148—2020 标准进行生产，电阻值范围为 100kΩ～1000MΩ，该产品具有透气性能好、防静电、耐磨、防滑等功能，如图 1-7 所示。

4. 绝缘工作服

维修高电压系统时，必须穿非化纤类的工作服，如图 1-8 所示。化纤类的工作服会产生静电，并且当发生火灾事故时，化纤会在高温环境下粘连人体皮肤，导致维护人员产生严重的二次伤害。

图 1-7　绝缘鞋

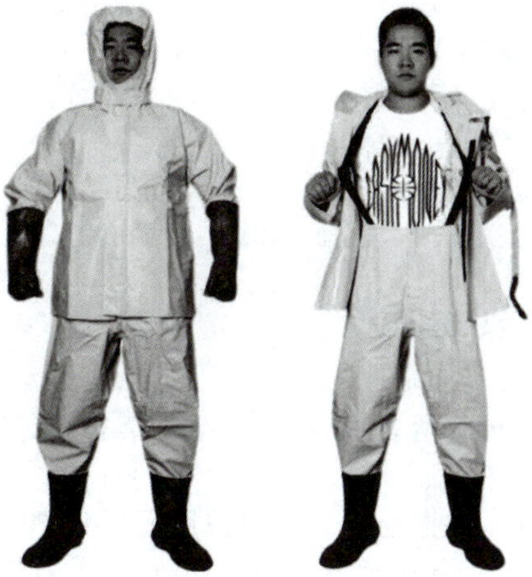

图 1-8　绝缘工作服

【注意】

1. 使用前必须检查绝缘防护用品，保证其无破损、破洞和裂纹，内外表面清洁、干燥，不能带水进行操作，确保安全。

2. 在实训过程中，不可佩戴金属首饰。

（二）维保场地防护

（1）设置高压警示牌。

（2）放置灭火器。

（3）设置警戒线。

（4）设置专用维修工位接地线。

（5）设置绝缘地垫。

【注意】

1. 在维修作业前需采用隔离措施：使用警戒栏隔离，并竖立高压警示牌，以警示不相关人员远离该区域，避免发生安全事故。

2. 保持工作环境干净且通风良好，远离液体和易燃物。

（三）车辆防护

（1）车辆正确停至工位。

（2）安装车轮挡块。

（3）目测车辆外观无异常。

（4）铺设车内三件套（脚垫、座椅套、方向盘套）。

（5）将点火开关置于 OFF 挡。

（6）将挡位置于 P 挡。

（7）打开前机舱盖并安装车外三件套（左侧翼子板布、右侧翼子板布、前进气格栅布）。

【注意】

将车辆置于P挡，且拉起驻车制动器，防止在实训过程中车辆突然前窜，防止危险事故的发生。

实践技能

一、吉利帝豪 EV450 高压安全下电

教学视频

高压下、上电操作

1. 目视检查个人防护用品并佩戴

（1）目视检查安全帽外观有无损伤，内衬安装是否牢固、松紧是否适宜，如图 1-9 所示。佩戴安全帽，调节内衬松紧度。

（2）目视检查护目镜支架是否完好，护目镜镜片有无划痕，视线是否清晰。佩戴护目镜，调节支架松紧。

图 1-9　安全帽检查

（3）目视检查绝缘手套外观有无破损、耐压值是否符合使用要求，检查绝缘手套气密性是否良好。佩戴耐磨手套。

（4）目视检查高压绝缘鞋外观有无破损，检查高压绝缘鞋耐压值是否符合使用要求，穿戴高压绝缘鞋。

2. 维护场地防护

（1）隔离工位，如图 1-10 所示。

① 拉起隔离带；

② 将安全警示牌竖立在工位出入口显眼位置。

（2）检查工位安全。

① 巡视检查工位，确定台架摆放合理、平稳，场内布置有灭火器；

② 检查灭火器外观有无损伤，插销是否完整，灭火器压力值是否在绿色范围内，如图 1-11 所示。

3. 高压下电

（1）拆卸低压蓄电池负极电缆。

（2）断开动力电池直流母线车载充电机端插接件，需要等待 5min 以上（待电机控制器、充电机等内部有电容元件的部件充分放电），用万用表的直流挡位，测量动力电池直

图 1-10 隔离工位

图 1-11 灭火器检查

流母线端正、负极电压，若测量电压应小于 1V，则说明整车高压下电成功。

（3）使用绝缘胶带，封堵直流母线车载充电机端插接件的正、负极端子，避免在操作过程中手指触摸高压线束插接件里的带电部分，造成触电事故。

【注意】

1. 使用万用表测量高压时，需遵守“单手操作”原则。所使用的万用表一根表笔线上配备绝缘鳄鱼夹（要求耐压为 3kV，过流能力大于 5A），测量时先把鳄鱼夹夹到电路的一个端子，然后用另一支表笔接到需测量端子测量读数，每次测量时只能用一只手握住表笔。

2. 使用万用表测量高压时，严禁触摸表笔金属部分。

3. 维修车辆时，必须设置专职监护人一名，监护人和维修人员必须具备国家认可的《特种作业操作证（电工）》与《初级（含）以上电工证》（职业资格证书）。

4. 监护人工作职责为监督维修的全过程。

4. 高压上电

（1）连接直流母线充电机端插接件。

（2）连接蓄电池负极电缆，关闭机舱盖。

（3）将车辆置于 ON 挡，显示屏显示 READY 指示灯亮，如图 1-12 所示，说明上电已经完成。

图 1-12　整车上电完成

5. 场地 6S

（1）整理工量具。

（2）清洁实训场地防护。

【警示】

1. 严禁违规使用绝缘工具、绝缘电阻测试仪，注意轻拿轻放，有序操作。
2. 严格遵守实训规程，按照指导老师要求完成实训操作。
3. 为保证教学安全性，严禁在车辆行驶的条件下进行任何测试。
4. 严禁长时间针对辅助蓄电池进行放电操作，可采用其他低压电源设备替代。
5. 若仪器仪表出现故障问题，请立即停止一切操作，严禁私自拆卸修复。

任务小结

（1）吉利帝豪 EV450 纯电动汽车为例，整车高压系统由动力电池、车载充电机分线盒、电机控制器、驱动电机、高压控制系统、电动压缩机、PTC 以及高压线束等组成。

（2）吉利帝豪 EV450 纯电动汽车高压下、上电操作。

① 拆卸低压蓄电池负极电缆。

② 断开动力电池直流母线车载充电机端插接件，需要等待 5min 以上（待电机控制器、充电机等内部有电容元件的部件充分放电），用万用表的直流挡位，测量动力电池直流母线端正、负极电压，若测量电压应小于 1V，则说明整车高压下电成功。

③ 使用绝缘胶带，封堵直流母线车载充电机端插接件的正、负极端子，避免在操作过程中手指触摸高压线束插接件里的带电部分，造成触电事故。

④ 连接直流母线充电机端插接件。

⑤ 连接蓄电池负极电缆，关闭机舱盖。

⑥ 将车辆置于 ON 挡，显示屏显示 READY 指示灯亮，说明上电已经完成。

任务工单　纯电动汽车维修企业安全

学院		专业	
姓名		学号	
小组成员		组长姓名	

知识重点

1. 吉利帝豪 EV450 纯电动汽车，整车高压系统由动力电池、________、电机控制器、________、高压控制系统、________、________以及高压线束等组成

2. 简述绝缘手套定期检查内容

3. 简述吉利帝豪 EV450 纯电动汽车主要的高压线缆，并在实训车上找到相应的位置

任务方案

请各小组根据教材、维修手册、在线课程的示范操作视频，以小组为单位，自主探究具体实训任务方案，完成最终方案，并上传至网络学习平台

一、制订初拟实训任务方案

根据吉利帝豪 EV450 纯电动汽车高压下、上电任务要求，制订吉利帝豪 EV450 纯电动汽车高压下、上电计划

制订吉利帝豪 EV450 纯电动汽车高压下、上电初拟方案		
序号	作业项目	操作要点
计划审核	审核意见： 年　月　日 签字：	

二、根据任务计划完成小组分工

操作人员		安全员	
记录员		审核员	

仪器设备、工具、耗材			
序号	名称	数量	检查是否正常
1			□是□否
2			□是□否
3			□是□否
4			□是□否
5			□是□否
6			□是□否
7			□是□否
8			□是□否
9			□是□否
10			□是□否

三、制订最终实训任务方案

根据吉利帝豪 EV450 纯电动汽车高压下、上电任务要求，制订吉利帝豪 EV450 纯电动汽车高压下、上电计划

完善吉利帝豪 EV450 纯电动汽车高压下、上电最终方案		
序号	作业项目	操作要点
计划审核	审核意见： 年　月　日 签字：	

任务实施

一、个人安全防护(15 分)			
1. 安全帽 (3 分)	目视检查安全帽外观(□是□否)有损伤	结果 判定	□正常 □损坏
	目视检查安全帽的合格证(□是□否)齐全,安全等级(□是□否)满足要求		
	目视检查安全帽内衬安装(□是□否)牢固、松紧(□是□否)适宜,佩戴安全帽,调节内衬松紧度		
2. 护目镜 (3 分)	目视检查护目镜镜片(□是□否)有划痕,视线(□是□否)清晰	结果 判定	□正常 □损坏
	目视检查护目镜支架(□是□否)完好,佩戴护目镜,调节支架松紧		
3. 绝缘手套 (3 分)	目视检查绝缘手套的绝缘等级(□是□否)满足要求	结果 判定	□正常 □损坏
	目视检查绝缘手套(□是□否)有砂砾		
	目视检查绝缘手套(□是□否)有破损,对绝缘手套进行气密性检查,若正常佩戴绝缘手套		
4. 高压绝缘鞋 (3 分)	目视检查绝缘鞋的绝缘等级(□是□否)满足要求	结果 判定	□正常 □损坏
	检查高压绝缘鞋(□是□否)有破损等情况		
5. 绝缘地垫 (3 分)	目视检查绝缘地垫的外观(□是□否)有破损等情况	结果 判定	□正常 □损坏
	在地垫上取四个点,用绝缘电阻测试仪检测绝缘地垫的绝缘性能(□是□否)满足要求		
二、维修场地、车辆安全防护(15 分)			
隔离工位 (5 分)	拉起隔离带	结果 判定	□正常 □损坏
	将安全警示牌竖立在工位出入口显眼位置		
检查工位安全 (5 分)	巡视检查工位,确定台架摆放合理、平稳,场内布置有灭火器	结果 判定	□正常 □损坏
	检查灭火器外观有无损伤,插销是否完整,灭火器压力值是否在绿色范围内		
车辆防护 (5 分)	安装车轮挡块	结果 判定	□正常 □损坏
	目测车辆外观(□是□否)有异常		
	将点火开关置于(□ON □OFF)挡		
	安装车内三件套:________________		
	打开前机舱盖并安装车外三件:________________		
三、高压下电(15 分)			
高压下电	拆卸低压蓄电池(□正极 □负极)电缆	结果 判定	□正常 □损坏
	断开动力电池直流母线车载充电机端插接件		
	等待 5min,用________测量动力电池直流母线端正负极电压:________,标准值应小于 1V		
	使用________封堵直流母线车载充电机端插接件的正、负极端子,避免在操作过程中手指触摸高压线束插接件里的带电部分,造成触电事故		

四、高压上电(15分)	
整车高压上电	连接动力电池直流母线车载充电机端插接件
	连接低压蓄电池(□正极 □负极)电缆
	启动车辆,READY指示灯亮,即为上电完成
五、实训场地6S(5分)	
场地6S	按照6S管理标准,整理工具和场地

任务检查

实训指导老师跟踪实训过程,检查实训结果,并结合整个实训过程给出改进措施及建议

序号	评价指标	评价结果
1	个人安全防护	
2	维修场地、车辆安全防护	
3	高压下电	
4	整车高压上电	
5	场地6S	
意见和建议		
综合评价		

任务评价

结合自己在实训过程中的表现,进行自我评价及自我反思

一、自我评价

____

____

____

____

二、自我反思

____

____

____

____

实训成绩单

项目	评分标准	分值	小组自评分数(30%)	教师评价分数(70%)	综合分数
任务方案(20分)	制订电动汽车高压下、上电的检查维护计划	10			
	能协同小组人员安排任务分工	5			
	能在实施前准备好所需要的工具器材	5			
任务实施(65分)	个人安全防护	15			
	车辆安全防护	15			
	规范地进行高压系统下电	15			
	整车高压上电	15			
	场地6S	5			
注意:若高压下上电过程出现安全违规操作,任务实施过程分值为0					

续表

项目	评分标准	分值	小组自评分数(30%)	教师评价分数(70%)	综合分数
任务检查(10分)	学生任务完成,操作过程规范	10			
学生任务评价(5分)	学生能对自身表现情况进行客观评价	2			
	学生在任务实施过程中发现自身问题	3			
得分(满分100)					

项目二 纯电动汽车电池系统的维护

本项目选自汽车运用与维修（含新能源汽车）“1＋X”证书制度-新能源汽车动力驱动电机电池技术-等级证书模块，通过本项目的学习，学生可以掌握纯电动汽车充电系统的检查与保养、纯电动汽车动力电池检查保养所需的职业素质、职业知识和职业技能。

任务一　充电系统的维护

教学课件

纯电动汽车充电系统的维护

任务目标

素质目标：

1. 培养学生安全规范的职业习惯；
2. 培养学生技术创新的职业精神。

知识目标：

1. 归纳纯电动汽车充电口各端子的含义；
2. 总结纯电动汽车充电口的检查内容。

技能目标：

1. 能够正确规范地使用高压个人安全防护用品；
2. 能够安全规范地检查纯电动汽车充电口；
3. 能够安全规范地使用绝缘电阻测试仪完成充电口绝缘电阻的检测。

任务描述

纯电动汽车吉利帝豪 EV450 已经行驶了 13800km，需做保养，维修技师根据车辆维护保养手册的规定，需要对充电口的绝缘电阻进行测量。下面将学习充电口绝缘电阻的检测。

知识储备

教学视频

纯电动汽车充电流程及注意事项

一、吉利帝豪 EV450 纯电动汽车的充电系统

吉利帝豪 EV450 纯电动汽车的充电系统可以分为动力电池充电系统和低压蓄电池充电系统。动力电池充电系统是指利用外接电源给动力电池充电，低压蓄电池充电系统是指利用动力电池给低压蓄电池充电，如图 2-1 所示。

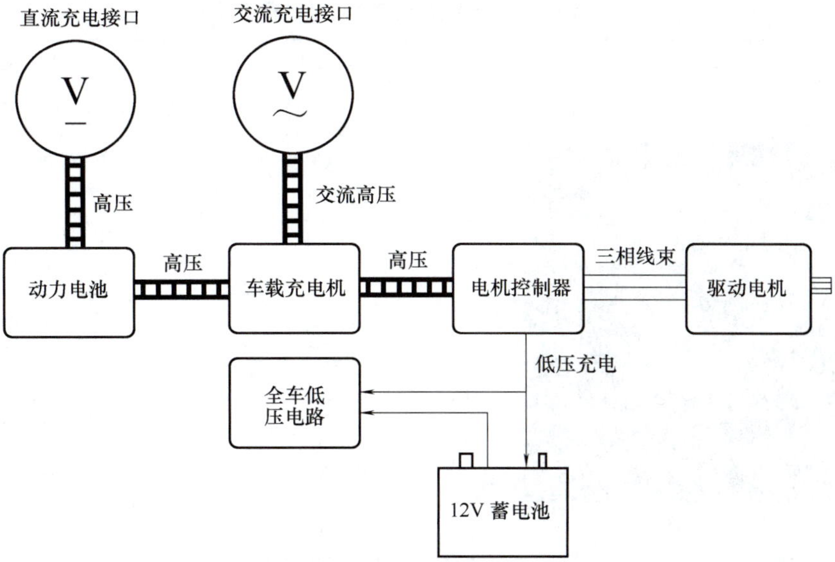

图 2-1　吉利帝豪 EV450 纯电动汽车动力电池充电系统

1. 动力电池充电系统

如表 2-1 所示，包括直流快充和交流慢充两种方式。

表 2-1　快充与慢充的特点

充电类型	快充	慢充
优点	采用功率为 60kW 的直流充电快充，充电时间预计 45min 充电值 80%，超过 80%后，为保护电池安全，充电电流变小，80min 充到 100%	1. 以较低的低压交流电流对电动汽车充电，充电装置成本低 2. 充电时段可充分利用电力低谷时段进行充电，降低充电成本，提高充电效率 3. 延长电池的使用寿命
缺点	1. 以较高的直流电流在短时间内对电动汽车充电，充电装置成本高 2. 充电时电能利用率低 3. 对动力电池的使用寿命有一定的影响	充电时间较长，采用功率为 6.6kW，电池容量为 126Ah 的交流充电桩慢充，充电时间预计 7.5h 充满

快充时，供电设备（一般为快充桩）通过快充充电枪、快充线束、汽车快充口将高压直流电直接输送给动力电池进行充电。

慢充时，供电设备（慢充桩或家用交流电）通过慢充线、慢充口将交流电输送给车载充电机，车载充电机将其变成高压、直流电后，输入高压控制盒，给动力电池充电。

2. 低压蓄电池充电系统

在车辆静止状态时，动力电池通过 DC/DC 变换器给低压蓄电池或低压用电设备供电。在车辆行驶时，通过电机控制器给低压蓄电池或低压用电设备供电。

二、充电口端子认知

（1）吉利帝豪 EV450 快充充电口及端子定义，如表 2-2 所示。

（2）吉利帝豪 EV450 慢充充电口及端子定义，如表 2-3 所示。

表 2-2　　吉利帝豪 EV450 快充充电口及端子定义

插座	端子编号	功能定义
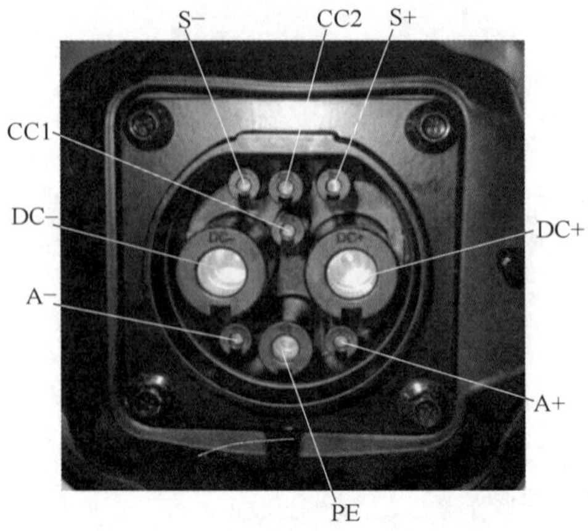	CC1	充电连接确认
	CC2	充电控制确认
	S+	CAN-H
	S−	CAN-L
	DC+	充电输入+
	DC−	充电输入−
	A+	12V 电源+
	A−	12V 电源−
	PE	车身接地

表 2-3　　吉利帝豪 EV450 慢充充电口及端子定义

插座	端子编号	功能定义
	CC	充电连接确认
	CP	充电控制引导
	L1	交流电源(单相、三相)
	L2	备用端子
	L3	备用端子
	N	中线
	PE	保护地线

实践技能

一、充电口的检查

(一)充电口盖开关状态检查

1. 慢充口盖开关状态检查

如图 2-2 所示，慢充充电口安装在左侧翼子板，采用按压式开关，按压慢充充电口盖，则应正常打开，若有问题，进行维修。

2. 检查充电指示灯

如图 2-3 所示，当充电口盖打开时，仪表充电指示灯应常亮；当充电口盖关闭时，仪表充电指示灯熄灭。

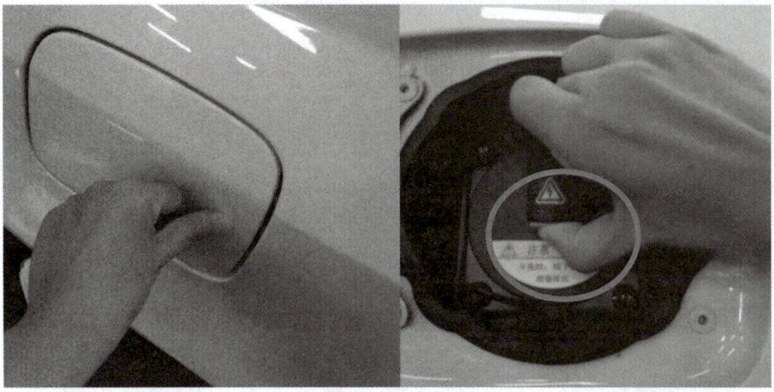

图 2-2　慢充充电口盖的开启

图 2-3　慢充充电口指示灯

【注意】 若慢充充电口盖出现问题，车辆将无法正常启动。

3. 快充口盖开关状态检查

如图 2-4 所示，在主驾驶下门框附近有快充口盖解锁拉手，拉动快充扣盖解锁拉手，打开快充口外盖；按照内盖标识，打开内盖，若有问题，进行维修。

图 2-4　快充充电口盖的开启

【注意】 若快充充电口盖出现问题，车辆将无法正常启动。

（二）充电口内部检查（图 2-5）

（1）点火开关置于 OFF 挡，打开充电口舱盖及充电口盖。

（2）检查充电口塑料绝缘壳体外观有无热熔变形或脱落，若有需要及时更换。

（3）检查充电口端子内部有无灰尘或其他异物，若有需更换处理。

机械锁断裂	尾部线束松脱无固定	充电枪端子收缩
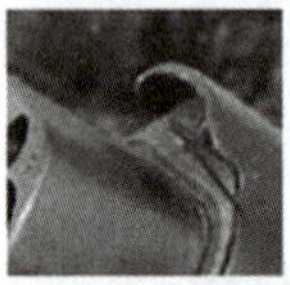	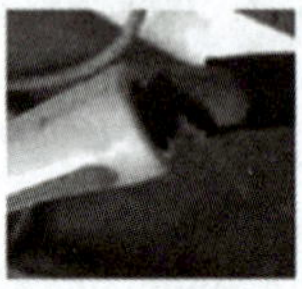	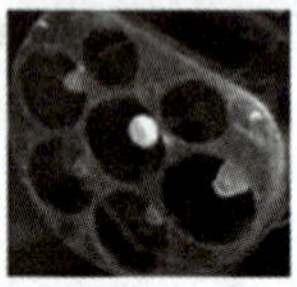

端子防触帽热熔或脱落	插头及端子布满灰尘
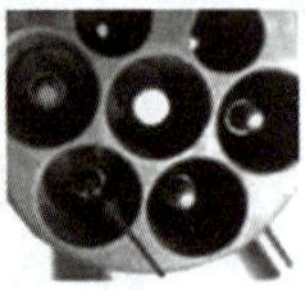	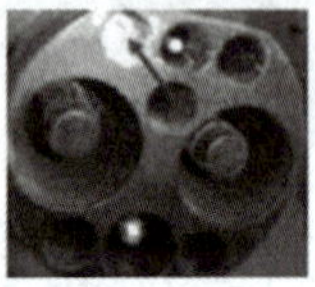

图 2-5　充电口内部检查

【注意】 若充电口壳体出现损坏，应及时更换，避免出现漏电现象，避免对人员和车辆造成损伤。

二、快充口绝缘电阻的测量

1. 准备工作

（1）穿好个人防护装备。

① 穿好工作服。

② 佩戴绝缘手套。

③ 佩戴护目镜。

④ 穿绝缘鞋。

【注意】

1. 使用前必须检查绝缘防护用品，保证其无破损、破洞和裂纹，内外表面清洁、干燥，不能带水进行操作，确保安全。

2. 在实训过程中，不可佩戴金属首饰。

（2）场地防护。

① 设置高压警示牌。

② 放置灭火器。

③ 设置警戒线。

④ 设置专用维修工位接地线。

⑤ 设置绝缘地垫。

【注意】

1. 在维修作业前需采用隔离措施：使用警戒栏隔离，并竖立高压警示牌，以警示不相关人员远离该区域，避免发生安全事故。

2. 保持工作环境干净且通风良好，远离液体和易燃物。

（3）车辆防护。

① 车辆正确停至工位。

② 安装车轮挡块。

③ 目测车辆外观无异常。

④ 铺设车内三件套（脚垫、座椅套、方向盘套）。

⑤ 将点火开关置于 OFF 挡。

⑥ 将挡位置于 P 挡。

⑦ 打开前机舱盖并安装车外三件套（左侧翼子板布、右侧翼子板布、前进气格栅布）。

【注意】 将车辆置于 P 挡，且拉起驻车制动器，防止在实训过程中车辆突然前窜，防止危险事故的发生。

（4）高压下电。

① 拆卸低压蓄电池负极电缆。

② 断开动力电池直流母线车载充电机端插接件，需要等待 5min 以上（待电机控制器、充电机等内部有电容元件的部件充分放电），用万用表的直流挡位，测量动力电池直流母线端正、负极电压，若测量电压应小于 1V，则说明整车高压下电成功。

③ 使用绝缘胶带，封堵直流母线车载充电机端插接件的正、负极端子，避免在操作过程中手指触摸高压线束插接件里的带电部分，造成触电事故。

【注意】

1. 使用万用表测量高压时，需遵守“单手操作”原则。所使用的万用表一根表笔线上配备绝缘鳄鱼夹（要求耐压为 3kV，过流能力大于 5A），测量时先把鳄鱼夹夹到电路的一个端子，然后用另一支表笔接到需测量端子测量读数，每次测量时只能用一只手握住表笔。

2. 使用万用表测量高压时，严禁触摸表笔金属部分。

3. 维修车辆时，必须设置专职监护人一名，监护人和维修人员必须具备国家认可的《特种作业操作证（电工）》与《初级（含）以上电工证》（职业资格证书）。

4. 监护人工作职责为监督维修的全过程。

2. 快充口绝缘电阻测试

教学视频

快充口的绝缘电阻检测

（1）拉动快充扣盖解锁拉手，打开快充口外盖。

（2）将绝缘电阻测试仪的红色鳄鱼夹连接快充接口 DC+，黑色鳄鱼夹连接车身搭铁部位，打开绝缘电阻测试仪，将绝缘电阻测试仪挡位调至 1000V，测量绝缘电阻，查阅维修手册，绝缘电阻标准值应大于 2.5MΩ，如图 2-6 所示，如果绝缘电阻值小于标准值，应立即检查并更换快充高压线缆。

（3）将绝缘电阻测试仪的红色鳄鱼夹连接快充接口 DC−，黑色鳄鱼夹连接车身搭铁部位，将绝缘电阻测试仪挡位调至 1000V，测量绝缘电阻。查阅维修手册，绝缘电阻标准值应大于 2.5MΩ，如图 2-7 所示，如果绝缘电阻值小于标准值，应立即检查并更换快充高压线缆。

图 2-6　DC+的绝缘电阻检测

图 2-7　DC−的绝缘电阻检测

【注意】

使用绝缘电阻测试仪之前应对其进行功能性检查。

3. 高压上电

（1）连接直流母线充电机端插接件。

（2）连接蓄电池负极电缆，关闭机舱盖。

（3）将车辆置于 ON 挡，显示屏显示 READY 指示灯亮，如图 2-8 所示，说明上电已经完成。

4. 场地 6S

（1）整理工量具。

（2）清洁实训场地防护。

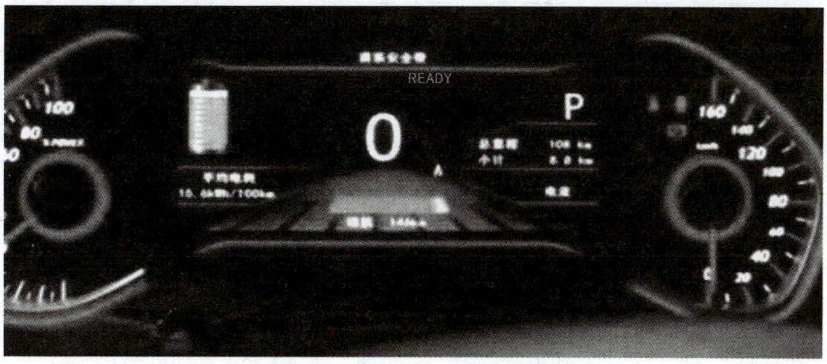

图 2-8　整车上电完成

【警示】

1. 严禁违规使用绝缘工具、仪器仪表，注意轻拿轻放，有序操作。
2. 严格遵守实训规程，按照指导老师要求完成实训操作。
3. 为保证教学安全性，严禁在车辆行驶的条件下进行任何测试。
4. 严禁长时间针对辅助蓄电池进行放电操作，可采用其他低压电源设备替代。
5. 若仪器仪表出现故障问题，请立即停止一切操作，严禁私自拆卸修复。

任务小结

（1）慢充充电口端子的认知。
（2）充电口检查。
（3）绝缘电阻测试仪的使用。
（4）快充口绝缘电阻的检测。

任务工单　纯电动汽车充电系统的检查保养

学院		专业	
姓名		学号	
小组成员		组长姓名	

知识重点

1. 纯电动汽车的带能补充模式有________和________两种
2. 在车辆静止状态时，动力电池通过________给低压蓄电池或低压用电设备供电
3. 电动汽车慢充系统使用________，通过整流变换，将________变成________给动力电池充电

任务方案

请各小组根据教材、维修手册、在线课程的示范操作视频，以小组为单位，自主探究具体实训任务方案，完成最终方案，并上传至网络学习平台

一、制订初拟实训任务方案

根据电动汽车充电系统基本检测与维护任务要求，制订电动汽车充电系统检查与维护计划

制订电动汽车充电系统检查保养初拟方案		
序号	作业项目	操作要点
计划审核	审核意见： 年 月 日 签字：	

二、根据任务计划完成小组分工

操作人员		安全员	
记录员		审核员	
仪器设备、工具、耗材			
序号	名称	数量	检查是否正常
1			□是□否
2			□是□否
3			□是□否
4			□是□否
5			□是□否
6			□是□否
7			□是□否
8			□是□否
9			□是□否
10			□是□否

三、制订最终实训任务方案

根据电动汽车充电系统基本检测保养任务要求，制订电动汽车充电系统检查与维护计划

完善电动汽车充电系统检查保养最终方案		
序号	作业项目	操作要点
计划审核	审核意见： 年 月 日 签字：	

任务实施

一、前期准备(15 分)			
实训内容	操作要求		
个人安全防护(5 分)	穿好工作服		
	佩戴绝缘手套		
	佩戴护目镜		
	穿绝缘鞋		
	不可佩戴金属首饰		
车辆防护(5 分)	目测车辆正确停至工位		
	安装车轮挡块		
	目测车辆外观无异常		
	将点火开关置于(□ON □OFF)挡		
	安装车内三件套:________________		
	打开前机舱盖并安装车外三件套:________________		
高压下电(5 分)	拆卸低压蓄电池(□正极 □负极)电缆		
	断开动力电池直流母线车载充电机端插接件		
	等待 5min,用________测量动力电池直流母线端正负极电压:________,标准值应小于 1V		
二、充电口的检查(10 分)			
1. 慢充电口盖状态检查(3 分)	点火开关置于________挡,打开慢充电口舱盖及充电口盖	结果判定	□正常 □损坏
	检查慢充口盖开关状态(□是□否)正常		
	检查充电指示灯(□是□否)正常		
2. 快充电口盖状态检查(3 分)	打开快充电口舱盖及充电口盖	结果判定	□正常 □损坏
	检查快充口盖开关状态(□是□否)正常		
3. 充电口检查(4 分)	检查充电口塑料绝缘壳体外观(□是□否)有热熔变形或脱落,若有需要及时更换	结果判定	□正常 □损坏
	检查充电口端子内部(□是□否)有灰尘或其他异物,若有需更换处理		
三、快充口绝缘电阻检查(35 分)			
1. 绝缘电阻测试仪的功能验证(10 分)	绝缘电阻测试仪的断路检查(□是□否)正常 连接绝缘电阻测试仪的 T+、T-检测线,红色、黑色鳄鱼夹断路,先点击 START/STOP 按键,将量程调至"100V"挡位,再按下 TEST 键,测量绝缘电阻值为________,标准值应为 0L	结果判定	□正常 □损坏
	绝缘电阻测试仪的短路检查(□是□否)正常 连接绝缘电阻测试仪的 T+、T-检测线,红色和黑色鳄鱼夹短接,先点击 START/STOP 按键,将量程调至"100V"挡位,再按下 TEST 键,读取的阻值为________,标准值应为 0Ω		

2. 快充口端子绝缘电阻检测(20 分)	打开快充口	结果判定	□正常 □损坏
	将绝缘电阻测试仪的________鳄鱼夹连接快充接口________，________鳄鱼夹连接车身搭铁部位		
	将绝缘电阻测试仪挡位调至________，按下 TEXT 按键，测量绝缘电阻值为________，查阅维修手册，绝缘电阻标准值应为________ 若测量值小于标准值，则说明________________________________		
	将绝缘电阻测试仪的________鳄鱼夹连接快充接口________，________鳄鱼夹连接车身搭铁部位	结果判定	□正常 □损坏
	将绝缘电阻测试仪挡位调至________，按下 TEXT 按键，测量绝缘电阻值为________，查阅维修手册，绝缘电阻标准值应为________ 若测量值小于标准值，则说明________________________________		
3. 整车高压上电(5 分)	连接动力电池直流母线车载充电机端插接件		
	连接低压蓄电池(□正极 □负极)电缆		
	启动车辆，READY 灯亮，即为上电完成		
四、实训场地 6S(5 分)			
场地 6S	按照 6S 管理标准，整理工具和场地		

任务检查

实训指导老师跟踪实训过程，检查实训结果，并结合整个实训过程给出改进措施及建议

序号	评价指标	结果
1	个人安全防护	
2	车辆安全防护	
3	高压下电	
4	慢充电口盖状态检查	
5	快充电口盖状态检查	
6	充电口检查	
7	绝缘电阻测试仪的功能验证	
8	快充口端子绝缘电阻检测	
9	整车高压上电	
10	场地 6S	
意见和建议		
综合评价		

任务评价

结合自己在实训过程中的表现，进行自我评价及自我反思

一、自我评价

二、自我反思

实训成绩单

项目	评分标准	分值	小组自评分数（30%）	教师评价分数（70%）	综合分数
任务方案（20分）	制订电动汽车充电系统检查保养计划	10			
	能协同小组人员安排任务分工	5			
	能在实施前准备好所需要的工具器材	5			
任务实施（65分）	个人安全防护	5			
	车辆安全防护	5			
	规范地进行高压系统下电	5			
	慢充电口盖状态检查	3			
	快充电口盖状态检查	3			
	充电口检查	4			
	绝缘电阻测试仪的功能验证	10			
	快充口端子绝缘电阻检测	20			
	整车高压上电	5			
	场地6S	5			
注意：若高压下、上电过程或者绝缘电阻检测过程出现安全违规操作，任务实施过程分值为0					
任务检查（10分）	学生任务完成，操作过程规范	10			
学生任务评价（5分）	学生能对自身表现情况进行客观评价	2			
	学生在任务实施过程中发现自身问题	3			
得分（满分100）					

任务二　动力电池系统的检查保养

教学课件

纯电动汽车动力电池系统的检查

任务目标

素质目标：

1. 培养学生安全规范的职业习惯；

2. 培养学生技术创新的职业精神。

知识目标：

1. 归纳纯电动汽车对动力电池的要求；
2. 总结纯电动汽车动力电池检查与更换的流程。

技能目标：

1. 能够正确规范地使用高压个人安全防护用品；
2. 能够安全规范地检查纯电动汽车动力电池；
3. 能够安全规范地完成电动汽车动力电池的更换。

任务描述

纯电动汽车吉利帝豪 EV450 已经行驶了 14200km，现在做保养，维修技师根据车辆维护保养手册的规定，需要对动力电池进行检查保养。那么，纯电动汽车动力电池检查保养的作业内容有哪些？在整个保养过程中有哪些注意事项？

知识储备

一、吉利帝豪 EV450 纯电动汽车的动力电池

吉利帝豪 EV450 纯电动汽车的动力电池采用三元锂电池，额定电压为 346V，具体参数如表 2-4 所示。动力电池总成通过 35 个螺栓和车身连接，安装在车体下部，如图 2-9 所示。

表 2-4　吉利帝豪 EV450 动力电池规格（动力电池 150Ah）

项目	参数	单位
电池类型	三元材料	—
电池组额定电压	346	V
峰值功率	150kW，持续 10s	kW
额定功率	50	kW
电池组工作电压范围	266～408.5	V
电池容量	150(1C)	Ah

吉利帝豪 EV450 纯电动汽车主要由动力电池本体和电池管理系统（BMS）组成。动力电池本体包括：各电池模组总成、CSC 采集系统、电池控制单元（BMU）、电池高压分配单元（B-BOX）等部件。

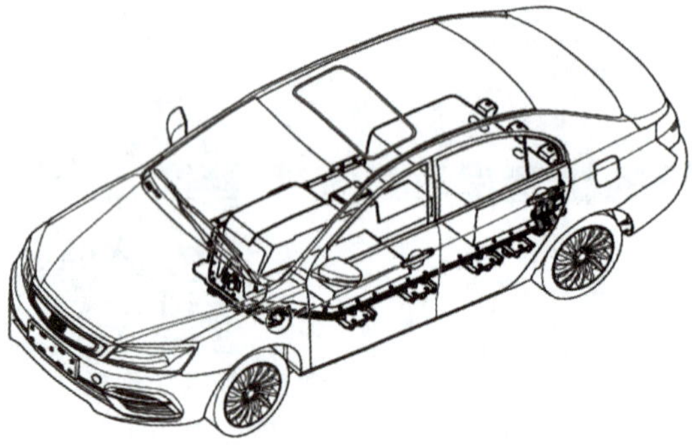

图 2-9　动力电池的安装位置

电池管理系统 BMS（Battery Management System）：BMS 能够对动力电池组总电压、总电流、每个测点温度、和电池单体的电压参数进行实时监控，并进行故障诊断、SOC（剩余电量比）计算、短路保护、漏电监测、报警显示、充放电模式选择等。BMS 可以将动力电池相关参

数上报 VCU 由 VCU 控制动力电池的充电和放电功率。

二、纯电动汽车对动力电池的要求

1. 比能量[1] 高

为了提高纯电动汽车的续航里程，要求纯电动汽车的动力电池尽可能地储存多的能量，但同时受安装空间和整车轻量化的限制，要求动力电池尽可能地减轻重量，因此，要求动力电池具有较高的比能量。

2. 比功率[2] 大

为了提高纯电动汽车在加速行驶、爬坡和负载行驶等方面的性能，要求动力电池具有较大的比功率。

3. 循环寿命长

循环寿命长，动力电池在正常使用周期内能够支撑纯电动汽车行驶的里程数就越大，有助于降低车辆在使用周期内的运行成本。

4. 均匀一致性好

动力电池本体是由上百只单体电池通过串、并联组合而成，某一个单体电池的问题会影响到整个动力电池本体的性能，进而导致电动汽车出现能量损失增加、续航里程变短的问题。

教学视频

纯电动汽车动力电池的拆装

三、动力电池的检查保养

（一）动力电池的外观检查

1. 检查动力电池底部

举升车辆，用目测法检查动力电池底部有无磕碰、划伤或损坏等现象，如图 2-10 所示，若有这些现象，应及时予以维修或更换。

图 2-10　动力电池底部的检查

2. 检查电池铭牌

检查动力电池铭牌是否有脱落现象，动力电池型号、动力电池生产日期、电池材料、额定电压、额定能量、条纹码以及重量等信息是否有缺失的现象，如图 2-11 所示。

3. 检查动力电池外部高压插接件

（1）检查高压插接器是否有变形、破损、腐蚀、损坏等情况。

（2）检查用电器插件与线束插件是否对插到位。

（3）检查线束与插针是否连接牢固、插针是否出现推针、弯曲等异常现象。

---

[1]　比能量：单位重量或单位体积的能量，电池的比能量就是参与电极反应的单位质量的电极材料放出电能的大小。

[2]　比功率：描述电池在瞬间能放出能量的能力。

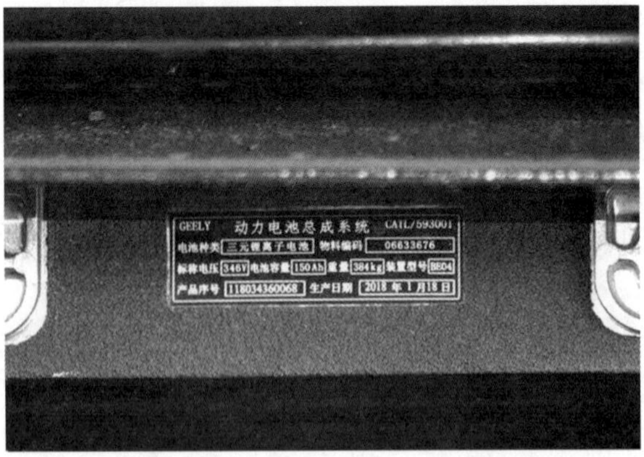

图 2-11　动力电池铭牌的检查

（4）根据电路图检查插件线束位置是否正确，最终保证动力电池高压插接件总正、总负与高压控制盒连接可靠，如图 2-12 所示。

4. 动力电池外部低压插接件的检查

用目测法检查低压插接器是否有变形、破损、过热、损坏等情况，如图 2-12 所示。若发现问题应及时维修或更换，最终要确保低压插件能够正常使用。

5. 动力电池固定螺栓扭矩复检

以吉利帝豪 EV450 电动车为例，它的动力电池底板一共有 75 个螺栓（35 个固定螺栓，40 个支架固定螺栓）。查阅纯电动汽车吉利帝豪 EV450 的维修手册，确定动力电池固定螺栓力矩如表 2-5 所示。

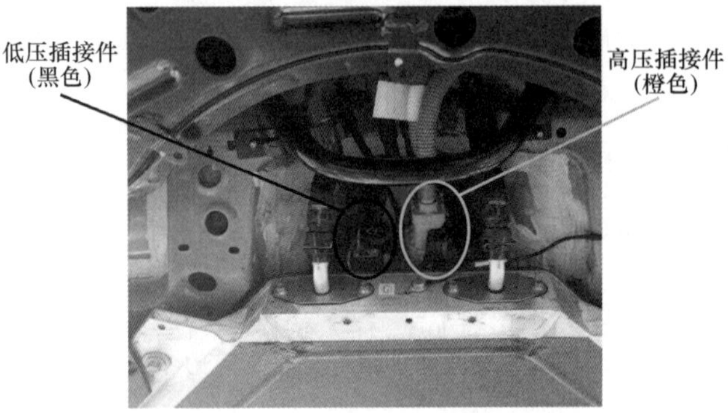

图 2-12　动力电池高、低压线束

用 10mm 的套筒和扭力扳手按照固定次序依次检查 75 个螺栓的紧固情况，最终要保证所有螺栓的紧固力矩范围 68～88N·m。

表 2-5　动力电池固定螺栓标准扭矩

应用	规格	力矩范围	
		公制/N·m	英制/lb·ft
动力电池总成与车身固定螺栓	M10×35	68～88	50.3～65.1
动力电池总成支架固定螺栓	M10×40	68～88	50.3～65.1

（二）动力电池的更换

1. 准备工作

（1）穿好个人防护装备。

① 穿好工作服。

② 佩戴绝缘手套。

③ 佩戴护目镜。

④ 穿绝缘鞋。

【注意】

1. 使用前必须检查绝缘防护用品，保证其无破损、破洞和裂纹，内外表面清洁、干燥，不能带水进行操作，确保安全。

2. 在实训过程中，不可佩戴金属首饰。

（2）场地防护。

① 设置高压警示牌。

② 放置灭火器。

③ 设置警戒线。

④ 设置专用维修工位接地线。

⑤ 设置绝缘地垫。

【注意】

1. 在维修作业前需采用隔离措施：使用警戒栏隔离，并竖立高压警示牌，以警示不相关人员远离该区域，避免发生安全事故。

2. 保持工作环境干净且通风良好，远离液体和易燃物。

（3）车辆防护。

① 车辆正确停至工位。

② 安装车轮挡块。

③ 目测车辆外观无异常。

④ 铺设车内三件套（脚垫、座椅套、方向盘套）。

⑤ 将点火开关置于 OFF 挡。

⑥ 将挡位置于 P 挡。

⑦ 打开前机舱盖并安装车外三件套（左侧翼子板布、右侧翼子板布、前进气格栅布）。

【注意】

将车辆置于 P 挡，且拉起驻车制动器，防止在实训过程中车辆突然前窜，防止危险事故的发生。

（4）高压下电。

① 拆卸低压蓄电池负极电缆。

② 断开动力电池直流母线车载充电机端插接件，需要等待 5min 以上（待电机控制器、充电机等内部有电容元件的部件充分放电），用万用表的直流挡位，测量动力电池直

流母线端正、负极电压，若测量电压应小于1V，则说明整车高压下电成功。

③ 使用绝缘胶带，封堵直流母线车载充电机端插接件的正、负极端子，避免在操作过程中手指触摸高压线束插接件里的带电部分，造成触电事故。

【注意】

1. 使用万用表测量高压时，需遵守“单手操作”原则。所使用的万用表一根表笔线上配备绝缘鳄鱼夹（要求耐压为3kV，过流能力大于5A），测量时先把鳄鱼夹夹到电路的一个端子，然后用另一支表笔接到需测量端子测量读数，每次测量时只能用一只手握住表笔。

2. 使用万用表测量高压时，严禁触摸表笔金属部分。

3. 维修车辆时，必须设置专职监护人一名，监护人和维修人员必须具备国家认可的《特种作业操作证（电工）》与《初级（含）以上电工证》（职业资格证书）。

4. 监护人工作职责为监督维修的全过程。

2. 动力电池的拆卸

（1）支撑动力电池总成。

将车辆用举升机升起，置入平台车，使用平台车支撑动力电池总成，如图2-13所示。

【注意】

举升时确保举升机的支撑点不要支撑在动力电池上。

（2）动力电池水管的拆卸。

断开动力电池出水管与水泵（电池）的连接，断开动力电池进水管与电池膨胀壶间的连接，如图2-14所示。

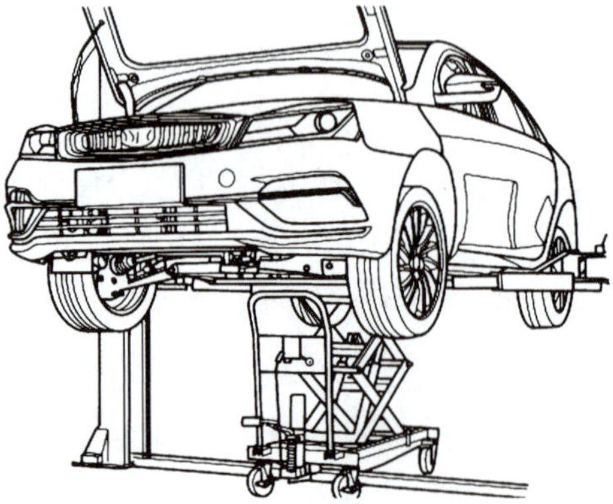

图2-13　动力电池总成的支撑

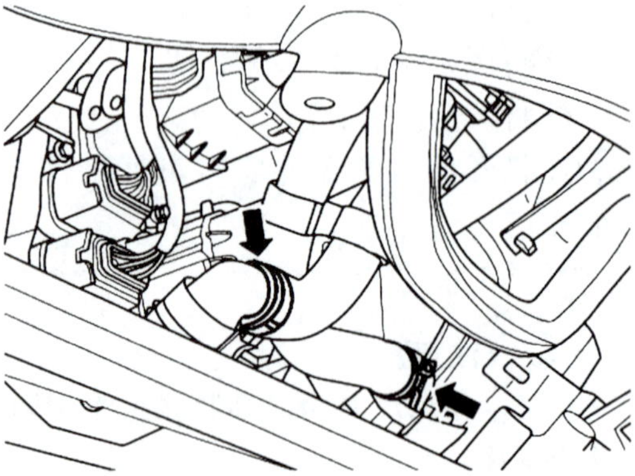

图2-14　动力电池进水管的拆卸

（3）插接件的拆卸。

断开动力电池的两个高压线束连接器（BV16），断开动力电池与前机舱线束的两个低压线束连接器，如图2-15所示。

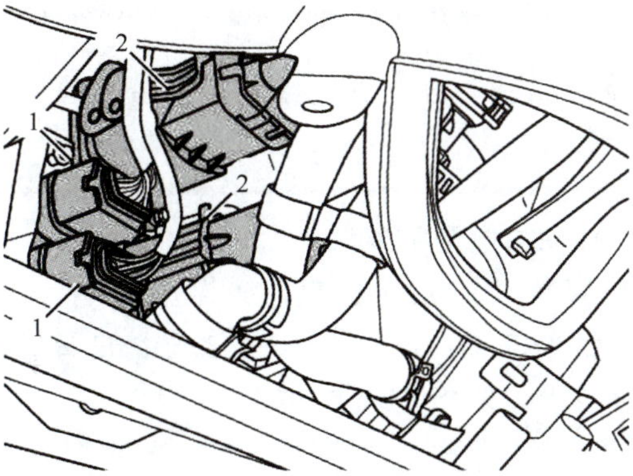

图 2-15 动力电池进水管的拆卸

1—低压线束连接器 2—高压线束连接器（BV16）

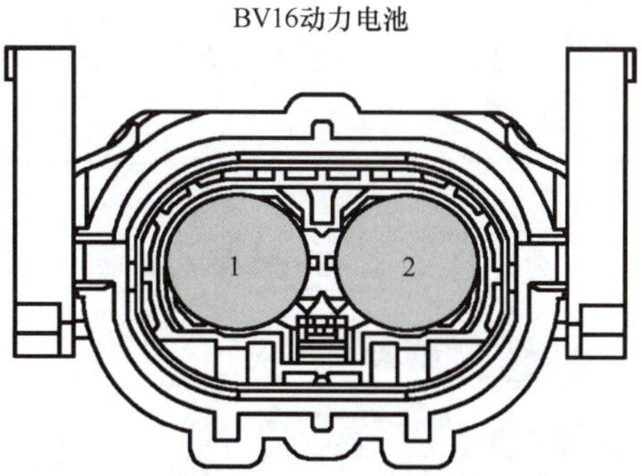

图 2-16 动力电池供电绝缘电阻的测量

（4）检测动力电池供电绝缘阻值，如图 2-16 所示。

① 将高压绝缘检测仪的挡位调至 1000V。

② 用高压绝缘检测仪测量动力电池高压线线束连接器 BV16 的 1 号端子与车身接地之间的电阻。标准电阻：大于或等于 20MΩ。

③ 用高压绝缘检测仪测量动力电池高压线线束连接器 BV16 的 2 号端子与车身接地之间的电阻。标准电阻：大于或等于 20MΩ。

④ 确认测量值是否符合标准。

（5）动力电池的拆卸。

拆卸搭铁线固定螺栓，拆卸动力电池与防撞梁固定螺栓，拆卸动力电池总成后部 3 个固定螺栓，拆卸动力电池总成前部 2 个固定螺栓，拆卸动力电池总成左右各 7 个固定螺栓，缓慢下降平台车取出动力电池总成，如图 2-17 所示。

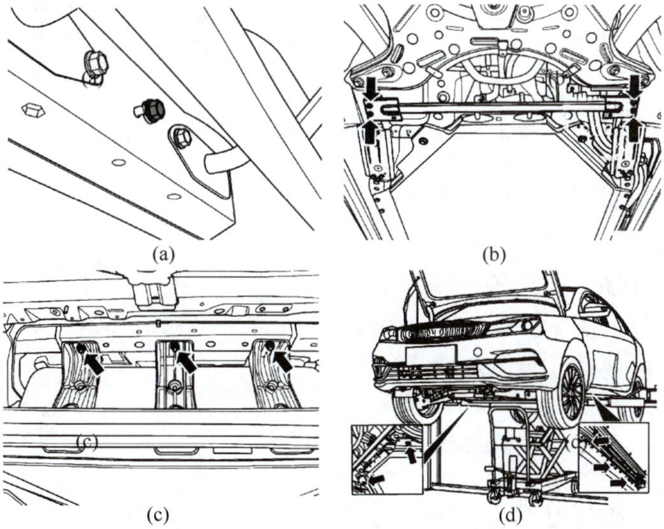

图 2-17 动力电池的拆卸

（a）拆卸动力电池搭铁线固定螺栓 （b）拆卸动力电池与防撞梁固定螺栓

（c）拆卸动力电池总成后部 3 个固定螺栓 （d）取出动力电池总成

【注意】 动力电池下降过程中平台车缓慢向前移动，可以避免动力电池与后悬架的干涉。

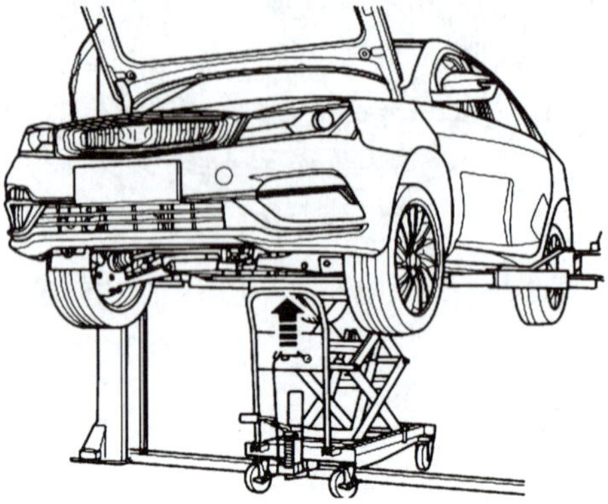

图 2-18　动力电池的安装

（6）动力电池的安装。

① 安装动力电池总成。缓慢举升平台车，调整平台车位置，使动力电池总成上的安装孔与车身对齐，如图 2-18 所示。

【注意】 动力电池下降过程中平台车缓慢向后移动，可以避免动力电池与后悬架的干涉。

② 安装固定螺栓。安装并紧固动力电池总成后部 3 个固定螺栓，安装并紧固动力电池总成前部 2 个固定螺栓，安装并紧固动力电池总成左右各 7 个固定螺栓，如图 2-19 所示，力矩：66～88N·m。

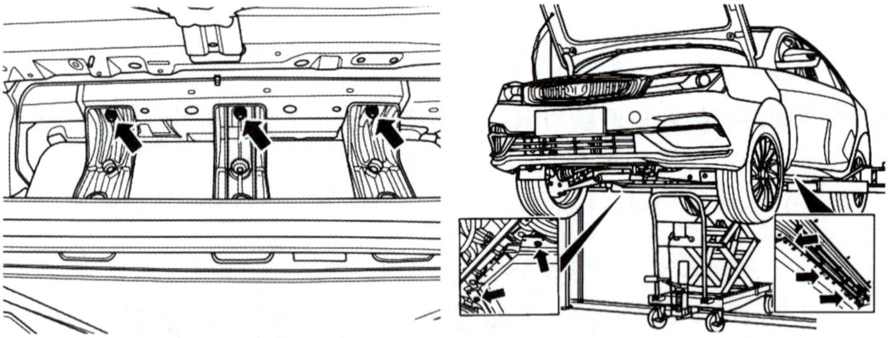

图 2-19　动力电池固定螺栓的安装紧固

③ 安装动力电池搭铁线固定螺栓，如图 2-20 所示，力矩：9N·m。

（7）插接件的连接。

连接动力电池与前机舱线束的 2 个线束连接器，连接动力电池的 2 个高压线束连接器，如图 2-21 所示。

【注意】 插接时注意“一插、二响、三确认”。

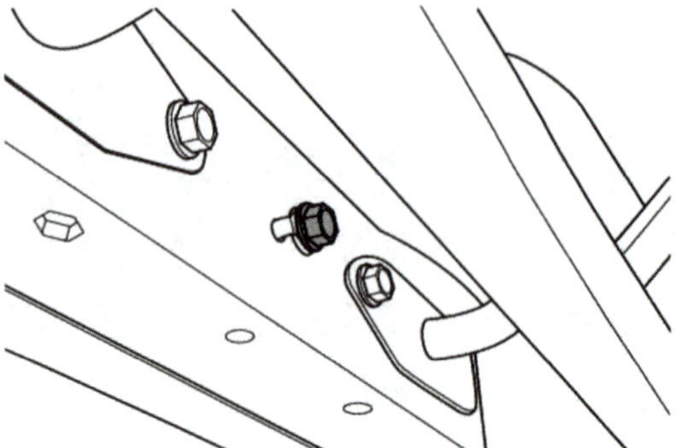

图 2-20　动力电池搭铁线固定螺栓的安装紧固

（8）动力电池水管的连接。

连接动力电池出水管与水泵（电池）的连接，连接动力电池进水管与电池膨胀壶加的连接，如图 2-22 所示。

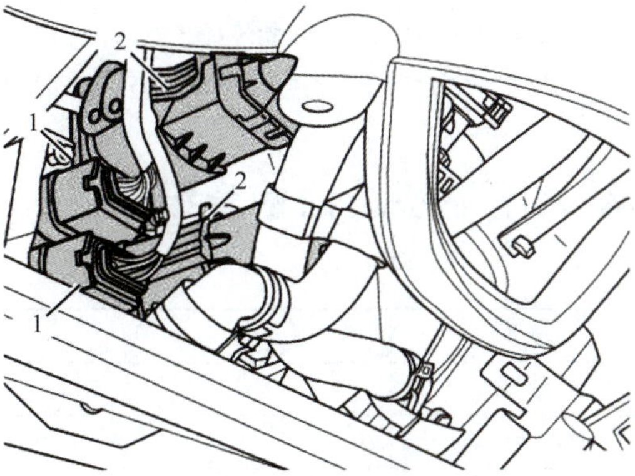

图 2-21　动力电池插接件的连接

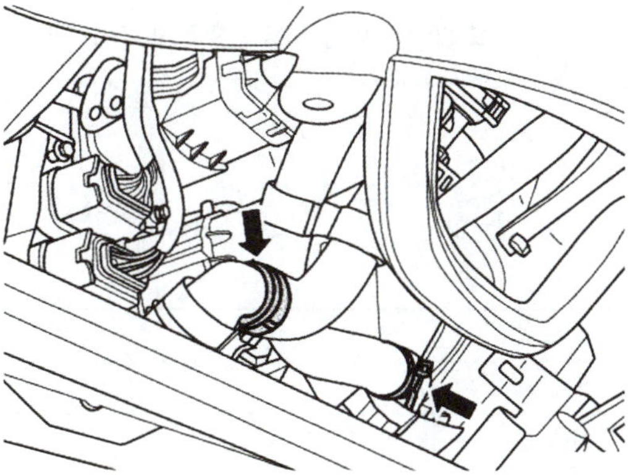

图 2-22　动力电池水管的连接

【注意】 插接时注意“一插、二响、三确认”。

（9）高压上电。

① 连接直流母线充电机端插接件。

② 连接蓄电池负极电缆，关闭机舱盖。

③ 将车辆置于 ON 挡，显示屏显示 READY 指示灯亮，如图 2-23 所示，说明上电已经完成。

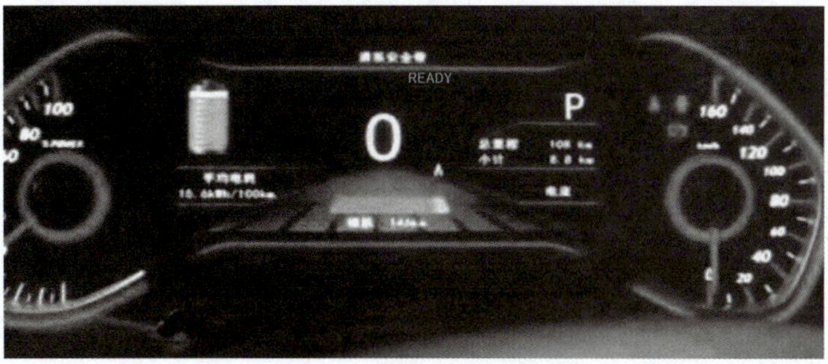

图 2-23　整车上电完成

（10）场地 6S。

① 整理工量具。

② 清洁实训场地防护。

【警示】

1. 严禁违规使用绝缘工具、绝缘电阻测试仪，注意轻拿轻放，有序操作。

2. 严格遵守实训规程，按照指导老师要求完成实训操作。

3. 为保证教学安全性，严禁在车辆行驶的条件下进行任何测试。
4. 严禁长时间针对辅助蓄电池进行放电操作，可采用其他低压电源设备替代。
5. 若仪器仪表出现故障问题，请立即停止一切操作，严禁私自拆卸修复。

任务工单　纯电动汽车动力电池系统的检查维护

学院		专业	
姓名		学号	
小组成员		组长姓名	

知识重点

1. 纯电动汽车的动力电池系统由________和________两部分组成
2. 纯电动汽车对动力电池的性能要求有(　　　　)
   A. 比能量高　　B. 比功率大　　C. 循环寿命长　　D. 均匀一致性好
3. 查阅吉利帝豪 EV450 动力电池总成与车身固定螺栓的标准扭矩为________

任务方案

请各小组根据教材、维修手册、在线课程的示范操作视频，以小组为单位，自主探究具体实训任务方案，完成最终方案，并上传至网络学习平台

一、制订初拟实训任务方案

根据吉利帝豪 EV450 纯电动汽车动力电池系统的检查维护任务要求，制订吉利帝豪 EV450 纯电动汽车动力电池系统的检查维护计划

制订吉利帝豪 EV450 纯电动汽车动力电池系统的检查维护初拟方案		
序号	作业项目	操作要点
计划审核	审核意见： 年　月　日 签字：	

二、根据任务计划完成小组分工

操作人员		安全员	
记录员		审核员	

仪器设备、工具、耗材			
序号	名称	数量	检查是否正常
1			□是□否
2			□是□否
3			□是□否
4			□是□否
5			□是□否
6			□是□否
7			□是□否
8			□是□否
9			□是□否
10			□是□否

三、制订最终实训任务方案

根据吉利帝豪 EV450 纯电动汽车动力电池系统的检查维护任务要求，制订吉利帝豪 EV450 纯电动汽车动力电池系统的检查维护计划

完善吉利帝豪 EV450 纯电动汽车动力电池系统的检查维护最终方案		
序号	作业项目	操作要点
计划审核	审核意见： 年　月　日 签字：	

任务实施

一、前期准备(13 分)

实训内容	操作要求
个人安全防护(5 分)	穿好工作服
	佩戴绝缘手套
	佩戴护目镜
	穿绝缘鞋
	不可佩戴金属首饰
车辆防护(5 分)	目测车辆正确停至工位
	安装车轮挡块
	目测车辆外观无异常
	将点火开关置于(□ON □OFF)挡
	安装车内三件套:________________
	打开前机舱盖并安装车外三件套:________________
高压下电(3 分)	拆卸低压蓄电池(□正极 □负极)电缆
	断开动力电池直流母线车载充电机端插接件
	等待 5min,用________测量动力电池直流母线端正负极电压:________,标准值应小于 1V

二、动力电池的检查(25 分)

1. 举升车辆(5 分)	整顿实训车辆举升场地,检查车辆举升场地(□是□否)安全	结果判定	□正常 □损坏
	2 人配合,安全规范地将车辆举升至合适位置,检查举升机(□是□否)安全锁止		
2. 检查动力电池底部(5 分)	目测检查动力电池底部(□是□否)有磕碰、划伤或损坏等现象	结果判定	□正常 □损坏
	检查电池铭牌(□是□否)有脱落现象		
3. 检查动力电池高压插接件(5 分)	检查高压插接器(□是□否)有变形、破损、腐蚀、损坏等情况	结果判定	□正常 □损坏
	检查用电器插件与线束插件(□是□否)对插到位		
	检查检查线束与插针(□是□否)连接牢固、插针是否出现推针、弯曲等异常现象		
4. 动力电池外部低压插接件的检查(5 分)	目测法检查低压插接器(□是□否)有变形、破损、过热、损坏等情况	结果判定	□正常 □损坏
5. 动力电池固定螺栓扭矩复检(5 分)	按照固定次序依次检查动力电池紧固螺栓(□是□否)有松动、脱落的情况,紧固情况	结果判定	□正常 □损坏
	查阅维修手册,动力电池总成与车身固定螺栓的标准扭矩为________;动力电池总成支架固定螺栓的标准扭矩为________		
	用套筒和扭力扳手按照固定次序依次将动力电池紧固螺栓补充至标准规定扭矩		

三、动力电池供电绝缘阻值的检测(22 分)			
1. 绝缘电阻测试仪的功能验证(5 分)	绝缘电阻测试仪的断路检查(□是□否)正常 红色、黑色鳄鱼夹断路,按下 TEST 键,测量绝缘电阻值为________,标准值应为无穷大	结果判定	□正常 □损坏
	绝缘电阻测试仪的短路检查(□是□否)正常 红色、黑色鳄鱼夹短路,按下 TEST 键,测量绝缘电阻值为________,标准值应为 0Ω		
	2 人配合,安全规范地将车辆举升至合适位置,检查举升机(□是□否)安全锁止		
2. 检测动力电池供电绝缘阻值(15 分)	断开动力电池的高压线束连接器 BV16	结果判定	□正常 □损坏
	将绝缘电阻测试仪的________鳄鱼夹连接连接器 BV16 的________,________鳄鱼夹连接车身搭铁部位		
	将绝缘电阻测试仪挡位调至________,按下 TEXT 按键,测量绝缘电阻值为________,查阅维修手册,绝缘电阻标准值应为________ 若测量值小于标准值,则说明 ________________________________ ________________________________		
	将绝缘电阻测试仪的________鳄鱼夹连接连接器 BV16 的________,________鳄鱼夹连接车身搭铁部位	结果判定	□正常 □损坏
	将绝缘电阻测试仪挡位调至________,按下 TEXT 按键,测量绝缘电阻值为________,查阅维修手册,绝缘电阻标准值应为________ 若测量值小于标准值,则说明________________ ________________________________		
	连接动力电池的高压线束连接器 BV16		
	2 人配合,安全规范地将车辆降落至地面,检查举升机电源开关(□是□否)关闭		
3. 整车高压上电(2 分)	连接动力电池直流母线车载充电机端插接件		
	连接低压蓄电池(□正极 □负极)电缆		
	启动车辆,READY 灯亮,即为上电完成		
四、实训场地 6S(5 分)			
场地 6S	按照 6S 管理标准,整理工具和场地		

任务检查

实训指导老师跟踪实训过程,检查实训结果,并结合整个实训过程给出改进措施及建议

序号	评价指标	评价结果
1	个人安全防护	
2	车辆安全防护	
3	高压下电	
4	举升机举升车辆	
5	动力电池底部的检查	

续表

序号	评价指标	评价结果
6	动力电池高压插接件的检查	
7	动力电池低压插接件的检查	
8	动力电池固定螺栓扭矩复检	
9	绝缘电阻测试仪的功能验证	
10	动力电池供电绝缘阻值的检测	
11	举升机降落车辆	
12	整车高压上电	
13	场地 6S	
意见和建议		
综合评价		

任务评价

结合自己在实训过程中的表现，进行自我评价及自我反思

一、自我评价

____

____

____

____

二、自我反思

____

____

____

____

实训成绩单

项目	评分标准	分值	小组自评分数（30%）	教师评价分数（70%）	综合分数
任务方案（20 分）	制订电动汽车动力电池系统的检查维护计划	10			
	能协同小组人员安排任务分工	5			
	能在实施前准备好所需要的工具器材	5			
任务实施（65 分）	个人安全防护	5			
	车辆安全防护	5			
	规范地进行高压系统下电	3			
	举升机举升车辆	5			
	动力电池底部的检查	5			
	动力电池高压插接件的检查	5			

续表

项目	评分标准	分值	小组自评分数(30%)	教师评价分数(70%)	综合分数
任务实施(65分)	动力电池低压插接件的检查	5			
	动力电池固定螺栓扭矩复检	5			
	绝缘电阻测试仪的功能验证	5			
	动力电池供电绝缘阻值的检测	10			
	举升机降落车辆	5			
	整车高压上电	2			
	场地6S	5			
注意:若高压下上电过程、举升机举升车辆过程或者绝缘电阻检测过程出现安全违规操作,任务实施过程分值为0					
任务检查(10分)	学生任务完成,操作过程规范	10			
学生任务评价(5分)	学生能对自身表现情况进行客观评价	2			
	学生在任务实施过程中发现自身问题	3			
得分(满分100)					

项目三

纯电动汽车驱动系统的维护与保养

本项目选自汽车运用与维修（含新能源汽车）“1＋X”证书制度-新能源汽车动力驱动电机电池技术-等级证书模块，通过本项目的学习，学生可以掌握纯电动汽车驱动电机的检查与保养、纯电动汽车车轮和轮胎检查保养、纯电动汽车驱动电机减速机构检查保养以及驱动电机冷却系统检查保养所需的职业素质、职业知识和职业技能。

教学课件

纯电动汽车驱动电机的检查保养

任务一　纯电动汽车驱动电机的检查保养

任务目标

素质目标：

1. 培养学生安全规范的职业习惯；
2. 培养学生精益求精的职业精神。

知识目标：

1. 归纳纯电动汽车驱动电机的代码和编号说明；
2. 总结驱动电机的检查保养的内容。

技能目标：

1. 能够正确规范地使用高压个人安全防护用品；
2. 能够安全规范地检查纯电动汽车驱动电机；
3. 能够安全规范地完成电动汽车驱动电机三相绝缘电阻的检测。

任务描述

纯电动汽车吉利帝豪 EV450 已经行驶了 23900km，需做保养，维修技师根据车辆维护保养手册的规定，需要对驱动电机做检查保养，那么，驱动电机做检查保养的内容有哪些？如何制订驱动电机检查保养的方案？如何安全规范地进行驱动电机检查保养？

知识储备

教学视频

纯电动汽车驱动系统检查维护

一、驱动电机

驱动电机是纯电动汽车的三大核心部件之一，是车辆行驶的执行机构，能够实现动力电池的电能和车轮上的机械能之间的转换。在汽车行驶过程中，将动力电池输出的电能转换为车轮上的机械能，驱动汽车行驶；在汽车的制动过程中，将车轮上的动能转化为电能充入动力电池。

（一）纯电动汽车驱动电机的性能要求

考虑到纯电动汽车驱动电机的性能决定了车辆的主要性能指标，直接影响车辆的动力性、经济性和用户的驾乘感受，驱动电机至少要满足以下几种基本要求。

1. 宽调速范围

要求驱动电机在低速时能输出大扭矩，以满足起步时的需求；高速巡航时则需要具有恒定功率输出特性，以满足线性加速。

2. 高密度轻量化

要求驱动电机具有高密度轻量化的特性，以适应安装空间、整车布置以及整车轻量化的要求。

3. 高效率

要求驱动电机具有高效率，节能省电以保证更大的续航里程，毕竟不可能无限堆积电池。

4. 能量回收

要求驱动电机可以在车辆减速时将制动的部分动能回收，从而增加续航里程。

5. 高可靠性与安全性

要求驱动电机的机械强度、抗震性、冷却技术、电气系统和控制系统都必须能满足车辆安全性的标准和规定。

6. 成本低

（二）纯电动汽车驱动系统的分类

目前经常采用的驱动电机主要包括直流电机、感应电机、永磁电机和开关磁阻电机，根据驱动电机的不同，纯电动汽车驱动系统主要分为以下四大类，其具体特点和主要应用场合如表 3-1 所示。

表 3-1　纯电动汽车驱动系统分类、特点和主要应用场合

名称	直流电机驱动系统	感应电机驱动系统	永磁无刷电机系统	开关磁阻电机驱动系统
电机类型	直流电机	感应电机	永磁电机	开关磁阻电机
优点	速度控制简单、成本低；启动转矩和制动转矩大，易于快速启动和停止；调速范围广、调速方便	结构简单、成本低；免维护、工作性能稳定、可靠性好、寿命长；较直流电机效率高、体积小、质量轻；转矩脉动小、噪声小、转速极限高、响应快；可采用液体冷却方式，冷却速度快；对环境的适应性好，并能实现再生反馈制动	体积小、调频范围宽、功率密度和效率高、惯性小、响应快	结构简单，使用安全可靠；低速转矩大、启动转矩高、启动电流小；转子无绕组、工作效率高、调频范围宽
缺点	重量大、体积大、可靠性差，需要定期维护；电刷、换向器易于磨损，造成效率较低	逆变器结构复杂，且容易损坏	价格高	会产生严重的转矩脉动，使电机的震动高、噪声大、非线性严重、逆变器复杂、价格高
应用场合	城市无轨电车	特斯拉车型	北汽 EV 车型	景区观光车

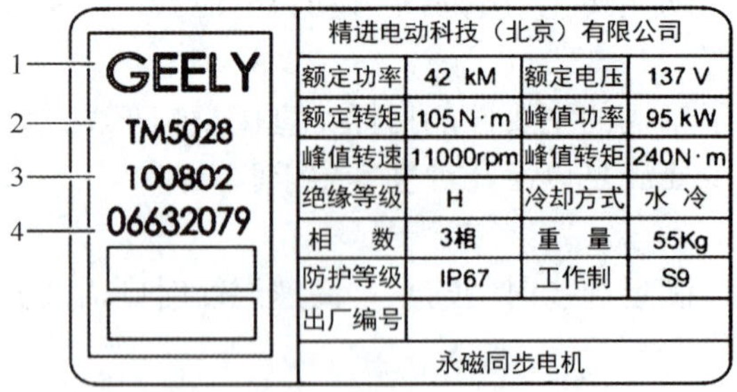

图 3-1　吉利帝豪 EV450 纯电动汽车动力电机的基本参数

1—企业标志　2—产品型号

3—供应商代号　4—零件号

二、驱动电机的代码和编号

吉利帝豪 EV450 纯电动汽车采用 TM5028 型永磁同步电机，其基本参数如图 3-1 所示。

三、驱动电机的检查维护

1. 准备工作

（1）穿好个人防护装备。

① 穿好工作服。

② 佩戴绝缘手套。

③ 佩戴护目镜。

④ 穿绝缘鞋。

【注意】

1. 使用前必须检查绝缘防护用品，保证其无破损、破洞和裂纹，内外表面清洁、干燥，不能带水进行操作，确保安全。

2. 在实训过程中，不可佩戴金属首饰。

（2）场地防护。

① 设置高压警示牌。

② 放置灭火器。

③ 设置警戒线。

④ 设置专用维修工位接地线。

⑤ 设置绝缘地垫。

【注意】

1. 在维修作业前需采用隔离措施：使用警戒栏隔离，并竖立高压警示牌，以警示不相关人员远离该区域，避免发生安全事故。

2. 保持工作环境干净且通风良好，远离液体和易燃物。

（3）车辆防护。

① 车辆正确停至工位。

② 安装车轮挡块。

③ 目测车辆外观无异常。

④ 铺设车内三件套（脚垫、座椅套、方向盘套）。

⑤ 将点火开关置于 OFF 挡。

⑥ 将挡位置于 P 挡。

⑦ 打开前机舱盖并安装车外三件套（左侧翼子板布、右侧翼子板布、前进气格栅布）。

【注意】 将车辆置于P挡，且拉起驻车制动器，防止在实训过程中车辆突然前窜，防止危险事故的发生。

（4）高压下电。

① 拆卸低压蓄电池负极电缆。

② 断开动力电池直流母线车载充电机端插接件，需要等待 5min 以上（待电机控制器、充电机等内部有电容元件的部件充分放电），用万用表的直流挡位，测量动力电池直流母线端正、负极电压，若测量电压应小于 1V，则说明整车高压下电成功。

③ 使用绝缘胶带，封堵直流母线车载充电机端插接件的正、负极端子，避免在操作过程中手指触摸高压线束插接件里的带电部分，造成触电事故。

【注意】

1. 使用万用表测量高压时，需遵守“单手操作”原则。所使用的万用表一根表笔线上配备绝缘鳄鱼夹（要求耐压为 3kV，过流能力大于 5A），测量时先把鳄鱼夹夹到电路的一个端子，然后用另一支表笔接到需测量端子测量读数，每次测量时只能用一只手握住表笔。

2. 使用万用表测量高压时，严禁触摸表笔金属部分。

3. 维修车辆时，必须设置专职监护人一名，监护人和维修人员必须具备国家认可的《特种作业操作证（电工）》与《初级（含）以上电工证》（职业资格证书）。

4. 监护人工作职责为监督维修的全过程。

2. 外观检查

（1）举升机举升车辆。

（2）如图 3-2 所示，目视检查驱动电机、电机线缆等表面是否有灰尘、污垢等，若有应及时清理。

【注意】 应采用压缩空气清洁驱动电机及电机控制器，禁止使用潮湿的抹布或高压水枪进行清洁。

（3）检查驱动电机外观有无磕碰、损坏、划伤、锈蚀等，检查涂覆层是否有剥落情况，若有应及时处理。

（4）检查驱动电机紧固件、接线端是否连接牢固，若有松动应及时处理。

3. 电机铭牌检查与读取

查找电机铭牌的安装位置，读取铭牌的代码和编号信息，如图 3-3 所示。

4. 驱动电机绝缘电阻的测量

（1）断开电机控制器高压线线束连接器 BV18（电机控制器侧），等待 5min，用万用

图 3-2 纯电动汽车驱动电机外观检查

教学视频

驱动电机三相绝缘电阻的检测

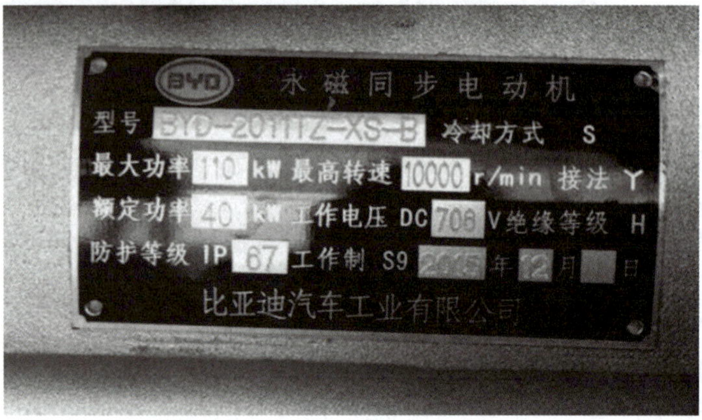

图 3-3 纯电动汽车驱动电机铭牌安装位置

表检测电机控制器正负极电压，标准电压为≤5V。

BV18接电机控制器线束连接器

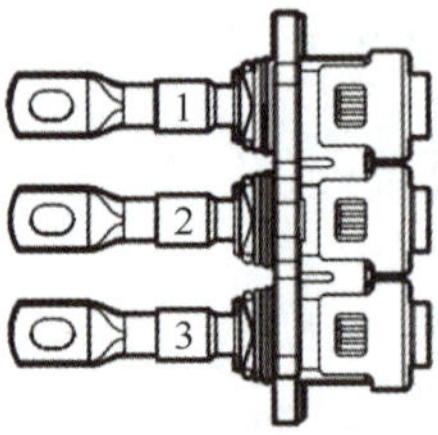

图 3-4 驱动电机绝缘电阻检测

（2）将绝缘电阻测试仪的红色鳄鱼夹连接电机三相线束连接器 BV18 的 1 号端子，黑色鳄鱼夹连接电机壳体，打开绝缘电阻测试仪，将绝缘电阻测试仪挡位调至 1000V，测量绝缘电阻，查阅维修手册，绝缘电阻标准值应大于 20MΩ，如图 3-4 所示，如果绝缘电阻值小于标准值，应立即检查并更换。

（3）将绝缘电阻测试仪的红色鳄鱼夹连接电机三相线束连接器 BV18 的 2 号端子，重复上述步骤（2）。

（4）将绝缘电阻测试仪的红色鳄鱼夹连接电机三相线束连接器 BV18 的 3 号端子，重复上述步骤（2）。

（5）连接电机控制器高压线线束连接器 BV18（电机控制器侧）。

【注意】 插接时注意“一插、二响、三确认”。

（6）操作举升机将车辆降落至地面。

【注意】

1. 使用绝缘电阻测试仪之前应对其进行功能性检查。
2. 使用万用表测量高压时，需遵守“单手操作”原则。
3. 使用绝缘电阻测试仪测量绝缘电阻时，严禁触摸表笔金属部分。

5. 高压上电

（1）连接直流母线充电机端插接件。

（2）连接蓄电池负极电缆，关闭机舱盖。

（3）将车辆置于 ON 挡，显示屏显示 READY 指示灯亮，说明上电已经完成。

6. 场地 6S

（1）整理工量具。

（2）清洁实训场地防护。

【警示】

1. 严禁违规使用绝缘工具、仪器仪表，注意轻拿轻放，有序操作。
2. 严格遵守实训规程，按照指导老师要求完成实训操作。
3. 为保证教学安全性，严禁在车辆行驶的条件下进行任何测试。
4. 严禁长时间针对辅助蓄电池进行放电操作，可采用其他低压电源设备替代。
5. 若仪器仪表出现故障问题，请立即停止一切操作，严禁私自拆卸修复。

任务工单　纯电动汽车驱动电机的检查保养

学院		专业	
姓名		学号	
小组成员		组长姓名	

知识重点

1. 纯电动汽车的________可以实现电能和机械能之间的能量转换
2. 纯电动汽车对驱动电机的性能要求有（　　）
   A. 宽调速范围　B. 高密度轻量化　C. 高效率　D. 高的可靠性和安全性
3. 查阅吉利帝豪 EV450 驱动电机的类型为（　　）
   A. 直流电机　B. 交流异步电动机　C. 永磁电动机　D. 开关磁阻电动机

任务方案

请各小组根据教材、维修手册、在线课程的示范操作视频，以小组为单位，自主探究具体实训任务方案，完成最终方案，并上传至网络学习平台

一、制订初拟实训任务方案

根据吉利帝豪 EV450 纯电动汽车驱动电机的检查保养任务要求，制订吉利帝豪 EV450 纯电动汽车驱动电机的检查保养计划

制订吉利帝豪 EV450 纯电动汽车驱动电机的检查保养初拟方案		
序号	作业项目	操作要点
计划审核	审核意见： 年 月 日 签字：	

二、根据任务计划完成小组分工

操作人员		安全员	
记录员		审核员	

仪器设备、工具、耗材			
序号	名称	数量	检查是否正常
1			□是□否
2			□是□否
3			□是□否
4			□是□否
5			□是□否
6			□是□否
7			□是□否
8			□是□否
9			□是□否
10			□是□否

三、制订最终实训任务方案

根据吉利帝豪 EV450 纯电动汽车驱动电机的检查保养任务要求，制订吉利帝豪 EV450 纯电动汽车驱动电机的检查保养计划

完善吉利帝豪 EV450 纯电动汽车驱动电机的检查保养最终方案		
序号	作业项目	操作要点
计划审核	审核意见： 年　月　日 签字：	

任务实施

一、前期准备(13 分)

实训内容	操作要求
个人安全防护 (5 分)	穿好工作服
	佩戴绝缘手套
	佩戴护目镜
	穿绝缘鞋
	不可佩戴金属首饰
车辆防护 (5 分)	目测车辆正确停至工位
	安装车轮挡块
	目测车辆外观无异常
	将点火开关置于(□ON □OFF)挡
	安装车内三件套：________________
	打开前机舱盖并安装车外三件套：______________
高压下电 (3 分)	拆卸低压蓄电池(□正极 □负极)电缆
	断开动力电池直流母线车载充电机端插接件
	等待 5min,用________测量动力电池直流母线端正负极电压：________,标准值应小于 1V

二、驱动电机的检查(25 分)			
1. 举升车辆 (5 分)	整顿实训车辆举升场地,检查车辆举升场地(□是□否)安全	结果 判定	□正常 □损坏
	2 人配合,安全规范地将车辆举升至合适位置,检查举升机(□是□否)安全锁止		
2. 检查驱动电机外观(5 分)	目视检查驱动电机、电机线缆等表面(□是□否)有灰尘、污垢等,若有应及时清理	结果 判定	□正常 □损坏
	检查驱动电机外观(□是□否)有磕碰、损坏、划伤、锈蚀等,检查涂覆层是否有剥落情况,若有应及时处理	结果 判定	□正常 □损坏
	检查驱动电机紧固件、接线端(□是□否)连接牢固,若有松动应及时处理		
	查找电机铭牌的安装位置(□是□否)正确,读取铭牌的代码和编号信息	结果 判定	□正常 □损坏
注意:应采用压缩空气清洁驱动电机,若方法选择错误,驱动电机的检查项目计为 0 分			
三、驱动电机绝缘阻值的检测(22 分)			
1. 绝缘电阻测试仪的功能验证(5 分)	绝缘电阻测试仪的断路检查(□是□否)正常 连接绝缘电阻测试仪的 T+、T−检测线,红色、黑色鳄鱼夹断路,先点击 START/STOP 按键,将量程调至"100V"挡位,再按下 TEST 键,测量绝缘电阻值为________,标准值应为 OL	结果 判定	□正常 □损坏
	绝缘电阻测试仪的短路检查(□是□否)正常 连接绝缘电阻测试仪的 T+、T−检测线,红色和黑色鳄鱼夹短接,先点击 START/STOP 按键,将量程调至"100V"挡位,再按下 TEST 键,读取的阻值为________,标准值应为 0Ω		
	2 人配合,安全规范地将车辆举升至合适位置,检查举升机(□是□否)安全锁止		
2. 检测动力电池供电绝缘阻值(15 分)	断开电机控制器高压线线束连接器 BV18(电机控制器侧),等待________	结果 判定	□正常 □损坏
	用万用表检测电机控制器正、负极电压,测量电压为________,标准电压为≤5V		
	将绝缘电阻测试仪的________鳄鱼夹连接连接器 BV18 的________,________鳄鱼夹连接电机壳体		
	将绝缘电阻测试仪挡位调至________,按下 TEXT 按键,测量绝缘电阻值为________,查阅维修手册,绝缘电阻标准值应为________ 若测量值小于标准值,则说明 ____ ____		
	将绝缘电阻测试仪的________鳄鱼夹连接连接器 BV18 的________,________鳄鱼夹连接电机壳体	结果 判定	□正常 □损坏
	将绝缘电阻测试仪挡位调至________,按下 TEXT 按键,测量绝缘电阻值为________,查阅维修手册,绝缘电阻标准值应为________ 若测量值小于标准值,则说明 ____ ____		

2. 检测动力电池供电绝缘阻值(15分)	连接驱动电机的高压线束连接器 BV18(电机控制器侧)		
	2 人配合,安全规范地将车辆降落至地面,检查举升机电源开关(□是□否)关闭		
3. 整车高压上电(2分)	连接动力电池直流母线车载充电机端插接件		
	连接低压蓄电池(□正极 □负极)电缆		
	启动车辆,READY 指示灯亮,即为上电完成		
四、实训场地 6S(5 分)			
场地 6S	按照 6S 管理标准,整理工具和场地		

任务检查

实训指导老师跟踪实训过程,检查实训结果,并结合整个实训过程给出改进措施及建议

序号	评价指标	评价结果
1	个人安全防护	
2	车辆安全防护	
3	高压下电	
4	举升机举升车辆	
5	驱动电机外观的检查	
6	绝缘电阻测试仪的功能验证	
7	驱动电机绝缘电阻检测	
8	举升机降落车辆	
9	整车高压上电	
10	场地 6S	
意见和建议		
综合评价		

任务评价

结合自己在实训过程中的表现,进行自我评价及自我反思

一、自我评价

____

____

____

____

二、自我反思

____

____

____

____

实训成绩单

项目	评分标准	分值	小组自评分数（30%）	教师评价分数（70%）	综合分数
任务方案（20 分）	制订纯电动汽车驱动电机的检查保养计划	10			
	能协同小组人员安排任务分工	5			
	能在实施前准备好所需要的工具器材	5			
任务实施（65 分）	个人安全防护	5			
	车辆安全防护	5			
	规范地进行高压系统下电	5			
	举升机举升车辆	5			
	驱动电机外观的检查	15			
	绝缘电阻测试仪的功能验证	5			
	驱动电机绝缘电阻检测	10			
	举升机降落车辆	5			
	整车高压上电	5			
	场地 6S	5			
注意：若高压下上电过程、举升机举升车辆过程或者绝缘电阻检测过程出现安全违规操作，任务实施过程分值为 0					
任务检查（10 分）	学生任务完成，操作过程规范	10			
学生任务评价（5 分）	学生能对自身表现情况进行客观评价	2			
	学生在任务实施过程中发现自身问题	3			
得分（满分 100）					

教学课件

纯电动汽车驱动电机减速机构检查

任务二　驱动电机减速机构检查保养

任务目标

素质目标：

1. 培养学生安全规范的职业习惯；
2. 培养学生精益求精的职业精神。

知识目标：

1. 归纳纯电动汽车驱动电机减速机构齿轮油的选用和更换依据；
2. 制订驱动电机减速机构齿轮油更换的方案。

技能目标：

1. 能够正确规范地使用高压个人安全防护用品；
2. 能够安全规范地完成电动汽车减速机构齿轮油的更换。

任务描述

纯电动汽车吉利帝豪 EV450 已经行驶了 23900km，现在需做保养，维修技师根据车辆维护保养手册的规定，需要对驱动电机减速机构做检查保养，那么，驱动电机减速机构检查保养的内容有哪些？如何制订驱动电机减速机构检查保养的方案？如何安全规范地进行驱动电机减速机构检查保养？

知识储备

一、驱动电机减速机构

驱动电机减速机构的主要功能是将整车驱动电机的转速降低、转矩升高，以实现整车对驱动电机的转矩、转速需求。吉利帝豪 EV450 驱动电机减速机构的具体安装位置如图 3-5 所示，基本参数如表 3-2 所示。

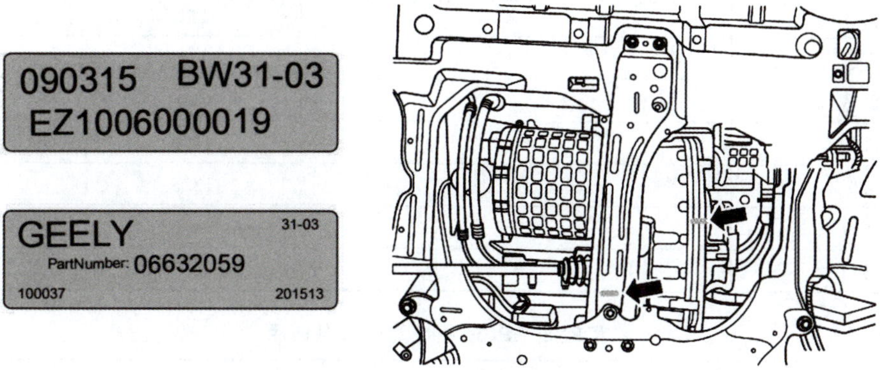

图 3-5　吉利帝豪 EV450 纯电动汽车驱动电机减速机构安装位置

表 3-2　吉利帝豪 EV450 纯电动汽车驱动电机减速机构的基本参数

项目	参数	单位
扭矩容量	300	N·m
转速范围	≤14000	r/min
减速器速比	8.28∶1	—
减速器油牌号	Dexron IV	—
减速器油量	1.7±0.1	L
润滑方式	飞溅润滑	—
减速器最高输出扭矩	2500	N·m
效率	>95%	—

二、齿轮油

教学视频

齿轮油的基础知识

齿轮油是一种较高的黏度润滑油，专供保护传输动力零件，含有极压（EP）添加剂和抗磨添加剂，以应付减速器齿轮的行动，大多数齿轮油应用于手动变速箱和减速器齿轮的润滑。

1. 齿轮油的功能

（1）润滑作用。

（2）冷却作用。

（3）防锈作用。

（4）缓冲作用。

2. 齿轮油的分类

目前世界各国广泛采用采用 API 性能分类和 SAE 黏度分类两种方法。

齿轮油按 SAE 黏度分类法单级油分为 75W、80W、85W、90、140 和 250 等黏度等级，其中 W 表示低温齿轮油，编号前的数字越大，黏度越高，如表 3-3 所示。将两个或两个以上的单级油进行组合，可得到同时符合两个黏度等级的多级油，如 80W/90、85W/90、85W/140 等。各级齿轮油 API 使用性能分级及应用如表 3-4 所示。

表 3-3　齿轮油的 SAE 黏度等级

SAE 黏度等级	达到 150000cP 的最高温度/℃	100℃时的黏度/cSt	
		上限	下限
75W	−40	4.1	—
80W	−26	7.0	—
85W	−12	11.0	—
90	—	13.5	＜24.0
140	—	24.0	＜41.0
250	—	41.0	—

表 3-4　齿轮油 API 使用性能分级及应用

API 分级	GL-1	GL-2	GL-3	GL-4	GL-1	GL-6
性能分挡	普通	涡轮用	中等极压性	通用强极压性	强极压性	极压性、抗剪切性强
齿轮油类型	直馏或残馏油	含油性剂、脂，直馏或残馏油	含硫、磷、氯等化合物或锌化合物等极压剂的直馏或残馏油混合物	合成型	合成型	合成型
适用范围	低负荷低速的正齿螺旋齿轮、涡轮蜗杆、锥齿轮及手动变速器等	稍高速、高负荷条件稍苛刻的涡轮蜗杆及其他齿轮（准双曲齿轮不能用）	不能用 GL-1 或 GL-2 的中等符合及中速的正齿轮及手动变速器（准双曲齿轮不能用）	高速低扭矩、低速高扭矩的准双曲齿轮及很苛刻条件下工作的其他齿轮	比 GL-4 更苛刻的耐低速高扭矩、高速低扭矩和高速冲击性负荷的准双曲齿轮用	适用于高于 GL-5 质量水平的越野车、客车、卡车等车辆设备
使用部位	不能满足汽车齿轮要求，不能用在汽车上	不能满足汽车齿轮要求，除特殊情况外不能用在汽车上	变速器、转向器齿轮及条件缓和的差速器齿轮	差速器齿轮、变速器齿轮以及转向器齿轮	工作条件苛刻的差速器齿轮及后桥齿轮	用于偏置大于 50mm 或接近从动齿轮直径 25% 的高偏置准双曲齿轮
极压剂含量/%	—	—	2～4	3～6	6～10	10～18

三、齿轮油的维护周期及选用

1. 齿轮油维护周期

以纯电动汽车吉利帝豪 EV450 为例，3000km（3 个月）磨合期维护需要更换齿轮油。磨合期后，建议每行驶 10000km（6 个月）更换齿轮油。

齿轮油的定期更换周期以里程数或使用时间判断，以先到为准。在更换齿轮油之前应先检查减速器是否漏油，对于非换油作业而举升车辆时，也应检查减速器是否漏油。

2. 齿轮油的选用

齿轮油的选用以汽车维修保养手册为主，同时综合考虑汽车的使用工况。

四、驱动电机减速机构的检查保养

1. 准备工作

（1）穿好个人防护装备。

① 穿好工作服。

② 佩戴绝缘手套。

③ 佩戴护目镜。

④ 穿绝缘鞋。

【注意】

1. 使用前必须检查绝缘防护用品，保证其无破损、破洞和裂纹，内外表面清洁、干燥，不能带水进行操作，确保安全。

2. 在实训过程中，不可佩戴金属首饰。

（2）场地防护。

① 设置高压警示牌。

② 放置灭火器。

③ 设置警戒线。

④ 设置专用维修工位接地线。

⑤ 设置绝缘地垫。

【注意】

1. 在维修作业前需采用隔离措施：使用警戒栏隔离，并竖立高压警示牌，以警示不相关人员远离该区域，避免发生安全事故。

2. 保持工作环境干净且通风良好，远离液体和易燃物。

（3）车辆防护。

① 车辆正确停至工位。

② 安装车轮挡块。

③ 目测车辆外观无异常。

④ 铺设车内三件套（脚垫、座椅套、方向盘套）。

⑤ 将点火开关置于 OFF 挡。

⑥ 将挡位置于 P 挡。

⑦ 打开前机舱盖并安装车外三件套（左侧翼子板布、右侧翼子板布、前进气格栅布）。

【注意】

将车辆置于 P 挡，且拉起驻车制动器，防止在实训过程中车辆突然前窜，防止危险事故的发生。

（4）高压下电。

① 拆卸低压蓄电池负极电缆。

② 断开动力电池直流母线车载充电机端插接件，需要等待 5min 以上（待电机控制器、充电机等内部有电容元件的部件充分放电），用万用表的直流挡位，测量动力电池直流母线端正、负极电压，若测量电压应小于 1V，则说明整车高压下电成功。

③ 使用绝缘胶带，封堵直流母线车载充电机端插接件的正、负极端子，避免在操作过程中手指触摸高压线束插接件里的带电部分，造成触电事故。

【注意】

1. 使用万用表测量高压时，需遵守“单手操作”原则。所使用的万用表一根表笔线上配备绝缘鳄鱼夹（要求耐压为 3kV，过流能力大于 5A），测量时先把鳄鱼夹夹到电路的一个端子，然后用另一支表笔接到需测量端子测量读数，每次测量时只能用一只手握住表笔。

2. 使用万用表测量高压时，严禁触摸表笔金属部分。

3. 维修车辆时，必须设置专职监护人一名，监护人和维修人员必须具备国家认可的《特种作业操作证（电工）》与《初级（含）以上电工证》（职业资格证书）。

4. 监护人工作职责为监督维修的全过程。

2. 驱动电机减速机构的检查

（1）举升机举升车辆。

（2）目视检查驱动电机减速器是否有齿轮油的泄漏，如图 3-6 所示，若有应及时清理。

图 3-6　纯电动汽车驱动电机减速器泄漏检查

【注意】

若出现齿轮油的泄漏，应该找出泄漏原因，并及时添加齿轮油至标准液位。

（3）检查齿轮油的液位。

① 拆卸加注孔螺塞 B，通过加注孔观察齿轮油的液位，齿轮油的液位应该与加注孔下缘齐平。

【注意】

1. 让减速器内部的齿轮油冷却后检查，如果齿轮油温过高执行本检查程序时，可能会造成烫伤！

2. 如果液面过低，通过加注孔塞添加专用的减速器油，直到油液开始流出。

② 重新安装并紧固加注孔螺塞，标准力矩：19～30N·m（公制）。

3. 齿轮油的更换

（1）拆卸减速器齿轮油排放螺塞 A，用回收容器接收放出的齿轮油，如图 3-7 所示。

（2）安装并紧固减速器齿轮油排放螺塞 A，如图 3-8 所示，标准力矩为 19～30N·m。

（3）减速器齿轮油加注孔 B 添加专用的减速器油，直到油液开始流出，如图 3-9 所示，查阅维修手册，参考用量：1.7L±0.1L。

（4）重新安装并紧固加注孔螺塞 B，标准力矩为 19～30N·m（公制）。

教学视频

齿轮油的检查与更换

图 3-7　齿轮油的排放

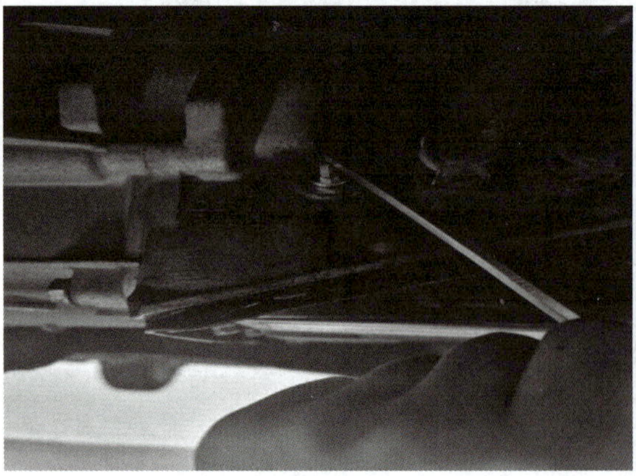

图 3-8　纯电动齿轮油排放塞的安装

图 3-9　纯电动齿轮油的加注

（5）举升机降落车辆。

【注意】

1. 齿轮油对皮肤和眼睛有刺激性，一旦接触应采取以下措施：① 眼睛接触——用水彻底冲洗；② 皮肤接触——用肥皂和水清洗。

2. 废旧齿轮油污染环境，废旧的齿轮油需要集中回收、统一处理。

3. 在实训过程中避免洒落在地，若洒落在地面，要及时处理。

4. 加注螺塞、排放螺塞需要按照标准力矩紧固，防止出现齿轮油的泄漏。

4. 高压上电

（1）连接直流母线充电机端插接件。

（2）连接蓄电池负极电缆，关闭机舱盖。

（3）将车辆置于 ON 挡，显示屏显示 READY 指示灯亮，说明上电已经完成。

5. 场地 6S

（1）整理工量具。

（2）清洁实训场地防护。

【警示】

1. 严禁违规操作举升机。

2. 严禁随意倾倒废旧的齿轮油。

3. 为保证教学安全性，严禁在车辆行驶的条件下进行任何测试。

任务工单　纯电动汽车驱动电机减速机构的检查保养

学院		专业	
姓名		学号	
小组成员		组长姓名	

知识重点

1. 纯电动汽车的________可以使整车驱动电机的转速降低、转矩升高
2. 齿轮油的主要作用有(　　)
   A. 润滑作用　B. 冷却作用　C. 防锈作用　D. 缓冲作用
3. 目前世界各国广泛采用采用________和________两种方法分类方法
4. 齿轮油的选用以________为主,同时综合考虑汽车的使用工况

任务方案

请各小组根据教材、维修手册、在线课程的示范操作视频,以小组为单位,自主探究具体实训任务方案,完成最终方案,并上传至网络学习平台

一、制订初拟实训任务方案

根据吉利帝豪 EV450 纯电动汽车驱动电机减速机构的检查保养任务要求,制订吉利帝豪 EV450 纯电动汽车驱动电机减速机构的检查保养计划

制订吉利帝豪 EV450 纯电动汽车驱动电机减速机构的检查保养初拟方案		
序号	作业项目	操作要点
计划审核	审核意见： 年　月　日 签字：	

二、根据任务计划完成小组分工

操作人员		安全员	
记录员		审核员	
仪器设备、工具、耗材			
序号	名称	数量	检查是否正常
1			□是□否
2			□是□否
3			□是□否
4			□是□否
5			□是□否
6			□是□否
7			□是□否
8			□是□否
9			□是□否
10			□是□否

三、制订最终实训任务方案

根据吉利帝豪 EV450 纯电动汽车驱动电机减速机构的检查保养任务要求，制订吉利帝豪 EV450 纯电动汽车驱动电机减速机构的检查保养计划

完善吉利帝豪 EV450 纯电动汽车驱动电机减速机构的检查保养最终方案		
序号	作业项目	操作要点
计划审核	审核意见： 签字：	年 月 日

<table>
<tr><th colspan="4">任务实施</th></tr>
<tr><td colspan="4">一、前期准备(8 分)</td></tr>
<tr><td>实训内容</td><td colspan="3">操作要求</td></tr>
<tr><td rowspan="5">个人安全防护
(3 分)</td><td colspan="3">穿好工作服</td></tr>
<tr><td colspan="3">佩戴绝缘手套</td></tr>
<tr><td colspan="3">佩戴护目镜</td></tr>
<tr><td colspan="3">穿绝缘鞋</td></tr>
<tr><td colspan="3">不可佩戴金属首饰</td></tr>
<tr><td rowspan="6">车辆防护
(2 分)</td><td colspan="3">目测车辆正确停至工位</td></tr>
<tr><td colspan="3">安装车轮挡块</td></tr>
<tr><td colspan="3">目测车辆外观无异常</td></tr>
<tr><td colspan="3">将点火开关置于(□ON □OFF)挡</td></tr>
<tr><td colspan="3">安装车内三件套:________________</td></tr>
<tr><td colspan="3">打开前机舱盖并安装车外三件套:________________</td></tr>
<tr><td rowspan="3">高压下电
(3 分)</td><td colspan="3">拆卸低压蓄电池(□正极 □负极)电缆</td></tr>
<tr><td colspan="3">断开动力电池直流母线车载充电机端插接件</td></tr>
<tr><td colspan="3">等待 5min,用________测量动力电池直流母线端正负极电压:________,标准值应小于 1V</td></tr>
<tr><td colspan="4">二、驱动电机减速机构的检查(20 分)</td></tr>
<tr><td rowspan="2">1. 举升车辆
(5 分)</td><td>整顿实训车辆举升场地,检查车辆举升场地(□是□否)安全</td><td rowspan="2">结果
判定</td><td rowspan="2">□正常
□损坏</td></tr>
<tr><td>2 人配合,安全规范地将车辆举升至合适位置,检查举升机(□是□否)安全锁止</td></tr>
<tr><td>2. 检查减速器外观
(5 分)</td><td>目视检查驱动电机减速器(□是□否)有齿轮油的泄漏,若有应及时清理</td><td>结果
判定</td><td>□正常
□损坏</td></tr>
<tr><td rowspan="2">3. 检查齿轮油的液位(10 分)</td><td>拆卸加注孔螺塞 B,通过加注孔观察齿轮油的液位(□是□否)在标准范围内,齿轮油的液位应该与加注孔下缘齐平</td><td>结果
判定</td><td>□正常
□损坏</td></tr>
<tr><td>重新安装并紧固加注孔螺塞,标准力矩:19～30N · m</td><td>结果
判定</td><td>□正常
□损坏</td></tr>
<tr><td colspan="4">三、齿轮油的更换(32 分)</td></tr>
<tr><td rowspan="2">1. 齿轮油的排放
(15 分)</td><td>拆卸________,用回收容器接收放出的齿轮油</td><td rowspan="5">结果
判定</td><td rowspan="5">□正常
□损坏</td></tr>
<tr><td>安装并紧固减速器齿轮油排放螺塞 A,标准力矩为________</td></tr>
<tr><td rowspan="3">2. 齿轮油的添加。
(15 分)</td><td>向减速器________添加专用的减速器油,直到油液开始流出</td></tr>
<tr><td>重新安装并紧固加注孔螺塞 B,标准力矩为________</td></tr>
<tr><td>2 人配合,安全规范地将车辆降落至地面,检查举升机电源开关(□是□否)关闭</td></tr>
<tr><td rowspan="3">3. 整车高压上电
(2 分)</td><td colspan="3">连接动力电池直流母线车载充电机端插接件</td></tr>
<tr><td colspan="3">连接低压蓄电池(□正极 □负极)电缆</td></tr>
<tr><td colspan="3">启动车辆,READY 灯亮,即为上电完成</td></tr>
<tr><td colspan="4">四、实训场地 6S(5 分)</td></tr>
<tr><td>场地 6S</td><td colspan="3">按照 6S 管理标准,整理工具和场地</td></tr>
</table>

任务检查

实训指导老师跟踪实训过程，检查实训结果，并结合整个实训过程给出改进措施及建议

序号	评价指标	评价结果
1	个人安全防护	
2	车辆安全防护	
3	高压下电	
4	举升机举升车辆	
5	减速器泄漏检查	
6	齿轮油液位检查	
7	齿轮油的排放	
8	齿轮油的添加	
9	举升机降落车辆	
10	整车高压上电	
11	场地 6S	
意见和建议		
综合评价		

任务评价

结合自己在实训过程中的表现，进行自我评价及自我反思

一、自我评价

____

____

____

____

二、自我反思

____

____

____

____

实训成绩单

项目	评分标准	分值	小组自评分数（30%）	教师评价分数（70%）	综合分数
任务方案（20 分）	制订纯电动汽车驱动电机减速机构检查保养计划	10			
	能协同小组人员安排任务分工	5			
	能在实施前准备好所需要的工具器材	5			

项目	评分标准	分值	小组自评分数（30%）	教师评价分数（70%）	综合分数
任务实施（65 分）	个人安全防护	3			
	车辆安全防护	2			
	规范地进行高压系统下电	3			
	举升机举升车辆	5			
	减速器泄漏检查	5			
	齿轮油液位检查	10			
	齿轮油的排放	15			
	齿轮油的添加	10			
	举升机降落车辆	5			
	整车高压上电	2			
	场地 6S	5			
注意：若举升机操作过程出现安全违规操作，或者出现废旧齿轮油随意倾倒的情况，任务实施过程分值为 0					
任务检查（10 分）	学生任务完成，操作过程规范	10			
学生任务评价（5 分）	学生能对自身表现情况进行客观评价	2			
	学生在任务实施过程中发现自身问题	3			
得分（满分 100）					

任务三　驱动电机冷却系统检查保养

教学课件

纯电动汽车驱动电机冷却系统检查

任务目标

素质目标：

1. 培养学生安全规范的职业习惯；
2. 培养学生精益求精的职业精神。

知识目标：

1. 归纳纯电动汽车驱动电机冷却液的选用和更换依据；
2. 制订纯电动汽车驱动电机冷却液更换的方案。

技能目标：

1. 能够正确规范地使用高压个人安全防护用品；
2. 能够安全规范地使用完成纯电动汽车驱动电机冷却液的更换。

任务描述

纯电动汽车吉利帝豪 EV450 已经行驶了 23900km，现在需做保养，维修技师根据车辆维护保养手册的规定，需要对驱动电机冷却系统做检查保养。那么驱动电机冷却系统检查保养的内容有哪些？如何制订驱动电机冷却系统检查保养的方案？如何安全规范地进行驱动电机冷却系统检查保养？

知识储备

一、驱动电机冷却系统

1. 驱动电机冷却系统的功能

驱动电机和电机控制器在使用过程中会产生大量的热，如果不及时处理，当系统内工作温度升高超过限制，系统内绝缘材料以及电子元件会损坏，同时也会导致车辆限制转矩运行甚至损坏系统零部件。冷却系统的功用是保障驱动电机系统在规定的温度范围之内稳定高效地工作。

2. 驱动电机冷却系统的组成及工作原理

吉利帝豪 EV450 的冷却系统将高压分线盒、驱动电机和电机控制器集成在一起采用冷却液水冷的方式进行散热，如图 3-10 所示。

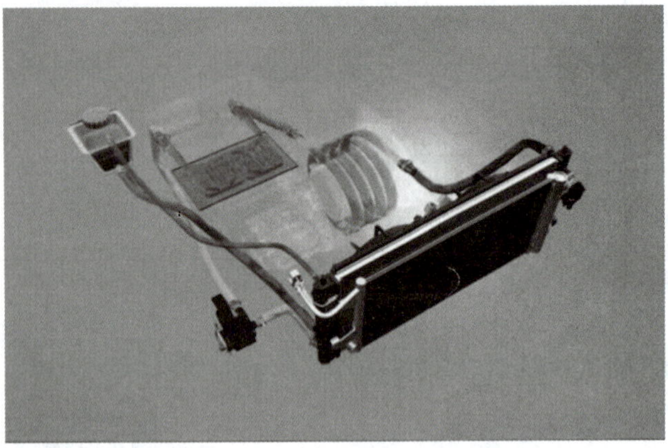

图 3-10 纯电动汽车驱动电机冷却系统

冷却系统在冷却液储液罐加注冷却液，在冷却水泵的驱动下，通过橡胶连接水管，在水泵、电机控制器、驱动电机以及散热器之间循环流动。散热器带有风扇，当冷却液温度超过系统设定温度限制时，散热风扇自动打开，对冷却液进行降温，最终保障驱动电机和电机控制器在合适的温度工作。同时，冷却系统内高温产生的冷却液蒸气通过回流管道流回到冷却液储液罐，液化后流回到整个冷却液系统。

“MAX”为最高液位，表示冷却液受热膨胀也不溢出的最高液位，“MIN”为最低液位，低于最低液位会造成散热不良。

二、冷却液

教学视频

冷却液基础知识

1. 冷却液的性能

冷却液全称为防冻冷却液，驱动电机冷却系统对冷却液的性能要求是：

（1）防冻。可以在寒冷季节停车时，保障不会因为冷却液结冰而胀裂散热器以及冷却系统管路。

（2）防沸。在高温、高负荷等苛刻条件下工作时，保障冷却液不沸腾，保障驱动电机系统在合适的温度下工作，因此，要求冷却介质的沸点要高。

（3）防腐蚀。防止驱动电机系统零部件被腐蚀，防止生锈，因此，冷却介质要具有防腐、防锈的功能。

（4）防水垢。驱动电机系统要防止产生水垢，水垢会使水套的口径变小甚至堵塞，影响冷却系统的散热效果，因此，冷却介质要具有防止水垢产生的能力。

（5）抗泡沫性好。冷却系统循环流动的冷却液，在水泵的作用下会产生气泡，这会降低其导热性，还会加剧对驱动电机系统零部件的气蚀，因此，冷却液要具有抗泡沫性的功能。

2. 冷却液的分类

（1）按成分分类。冷却液由水、防冻剂和添加剂组成，根据防冻剂的不同，将冷却液分为甘油型、酒精型和乙二醇型3种，目前乙二醇型冷却液被广泛使用。

（2）按使用方法分类。冷却液根据使用方法的不同，可分为浓缩型和即开即用型，目前即开即用型冷却液应用比较广泛，如图3-11所示。

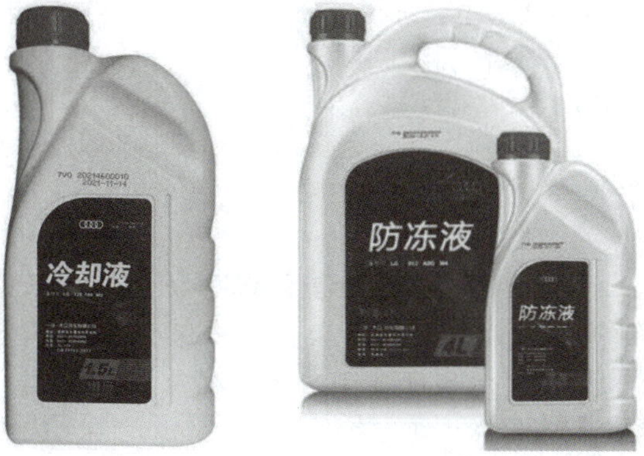

图3-11 冷却液

【注意】

在浓缩型冷却液使用时，应使用蒸馏水对冷却液进行勾兑稀释，严禁使用自来水勾兑稀释。

3. 冷却液的维护周期及选用

（1）冷却液的维护周期。以纯电动汽车吉利帝豪EV450为例，建议每行驶40000km（或24个月）更换冷却液。

冷却液的定期更换周期以里程数或使用时间判断，以先到为准。在更换冷却液之前应先检查冷却系统是否泄漏，对于非换液作业而举升车辆时，也应检查冷却系统是否泄漏。

（2）冷却液的选用。冷却液的选用以汽车维修保养手册为主，同时综合考虑汽车的使用工况，冷却液的冰点值应该比汽车使用地区近5年平均气温低10℃，例如吉利帝豪EV450驱动电机系统冷却液选用规格如表3-5所示。

表3-5 吉利帝豪EV450驱动电机系统冷却液规格

应用	油液容量	油液规格
驱动电机水箱冷却液	7.2L	符合SH0521要求的驱动电机用乙二醇型驱动电机冷却液（防冻液），冰点≤−40℃

【注意】

1. 不同品牌的冷却液不可以混合使用。
2. 更换新规格的冷却液，应该冲洗冷却系统。
3. 若稀释冷却液，必须使用蒸馏水或去离子水，严禁使用自来水。

三、冷却液的检查与更换

1. 准备工作

（1）穿好个人防护装备。

① 穿好工作服。

② 佩戴绝缘手套。

③ 佩戴护目镜。

④ 穿绝缘鞋。

【注意】

1. 使用前必须检查绝缘防护用品，保证其无破损、破洞和裂纹，内外表面清洁、干燥，不能带水进行操作，确保安全。

2. 在实训过程中，不可佩戴金属首饰。

（2）场地防护。

① 设置高压警示牌。

② 放置灭火器。

③ 设置警戒线。

④ 设置专用维修工位接地线。

⑤ 设置绝缘地垫。

【注意】

1. 在维修作业前需采用隔离措施：使用警戒栏隔离，并竖立高压警示牌，以警示不相关人员远离该区域，避免发生安全事故。

2. 保持工作环境干净且通风良好，远离液体和易燃物。

（3）车辆防护。

① 车辆正确停至工位。

② 安装车轮挡块。

③ 目测车辆外观无异常。

④ 铺设车内三件套（脚垫、座椅套、方向盘套）。

⑤ 将点火开关置于 OFF 挡。

⑥ 将挡位置于 P 挡。

⑦ 打开前机舱盖并安装车外三件套（左侧翼子板布、右侧翼子板布、前进气格栅布）。

【注意】

将车辆置于 P 挡，且拉起驻车制动器，防止在实训过程中车辆突然前窜，防止危险事故的发生。

（4）高压下电。

① 拆卸低压蓄电池负极电缆。

② 断开动力电池直流母线车载充电机端插接件，需要等待 5min 以上（待电机控制器、充电机等内部有电容元件的部件充分放电），用万用表的直流挡位，测量动力电池直流母线端正、负极电压，若测量电压应小于 1V，则说明整车高压下电成功。

③ 使用绝缘胶带，封堵直流母线车载充电机端插接件的正、负极端子，避免在操作过程中手指触摸高压线束插接件里的带电部分，造成触电事故。

【注意】

1. 使用万用表测量高压时，需遵守“单手操作”原则。所使用的万用表一根表笔线上配备绝缘鳄鱼夹（要求耐压为 3kV，过流能力大于 5A），测量时先把鳄鱼夹夹到电路的一个端子，然后用另一支表笔接到需测量端子测量读数，每次测量时只能用一只手握住表笔。

2. 使用万用表测量高压时，严禁触摸表笔金属部分。

3. 维修车辆时，必须设置专职监护人一名，监护人和维修人员必须具备国家认可的《特种作业操作证（电工）》与《初级（含）以上电工证》（职业资格证书）。

4. 监护人工作职责为监督维修的全过程。

2. 冷却系统的检查

（1）冷却液渗漏和液位检查。

① 检查冷却液的液位。检查冷却液液位是否在标准位置下限（MIN）与上限（MAX）之间，如图 3-12 所示。若液位太低，应及时添加同等规格的冷却液。

图 3-12　纯电动汽车驱动电机减速器冷却液的液位检查

【注意】 禁止高温时，开启膨胀水箱盖，开启时需泄压，检查时需照明。

思考：若直接将储液罐盖打开，会造成什么后果？

② 冷却系统水管检查。检查冷却系统橡胶水管是否有老化、开裂、露液的情况，检查水管接头位置是否有露液的情况，如图 3-13 所示，若有应及时处理。

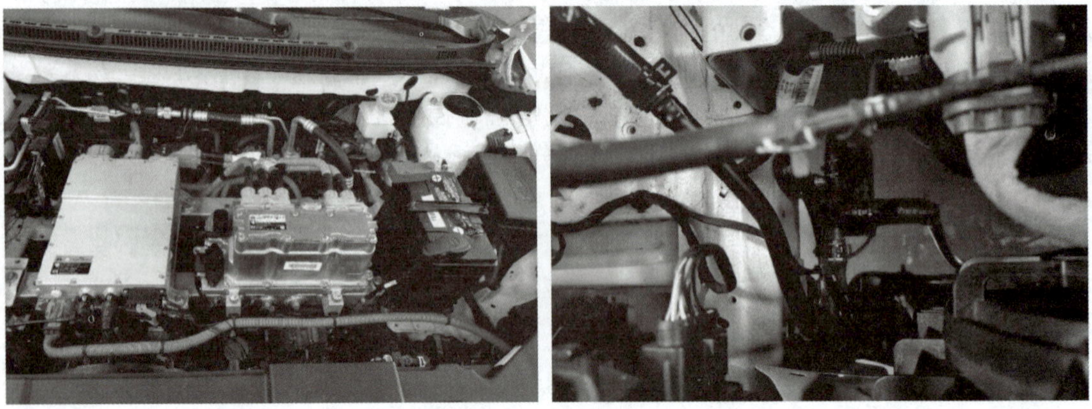

图 3-13　冷却系统水管检查

（2）冷却液的冰点值的检测。

① 打开冰点测试仪盖板，如图 3-14 所示，用软布仔细擦净检测棱镜。

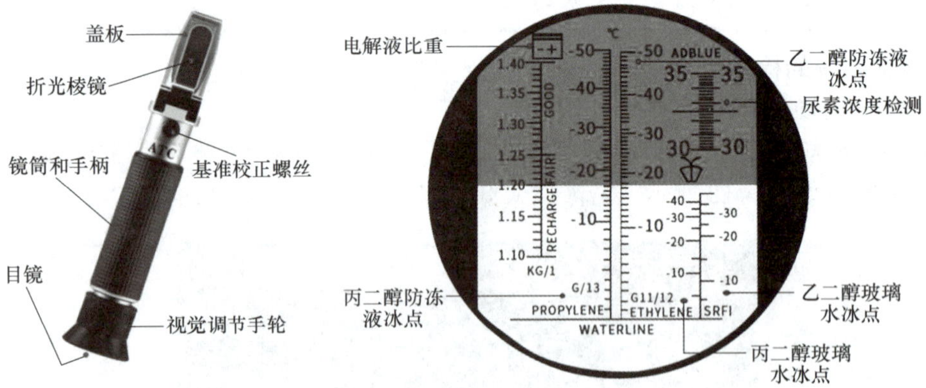

图 3-14　冰点测试仪

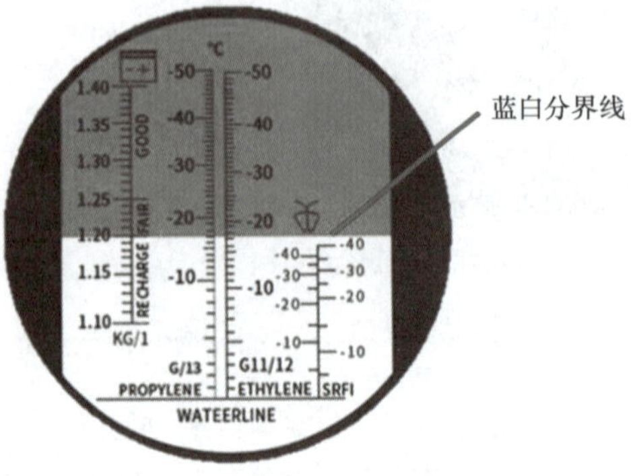

图 3-15　冰点测试仪读取数据

② 取待测冷却液 2～3 滴，置于棱镜上，轻轻合上盖板，避免气泡产生。

③ 对准光源或明亮处，眼睛通过目镜观察，转动目镜调节手轮，直到蓝白分界面清晰显示，读取分界处所对应的温度数值，即为冷却液的冰点值，如图 3-15 所示。

3. 冷却液的更换

（1）举升机举升车辆。

（2）目视检查水泵及冷却液水管是否有泄漏，如图 3-16 所示，若有应及时清理。

图 3-16　水泵及冷却液水管泄漏检查

【注意】

若出现冷却液的泄漏，应该找出泄漏原因。

（3）冷却液的排放。

① 放置废液回收桶，如图 3-17 所示。

图 3-17　放置废液回收桶

② 旋松排放螺栓蝶形阀，排放冷却液，如图 3-18 所示，排放完成，清洁排放孔四周，将蝶形阀重新装回。

③ 举升机降下车辆。

④ 将指定型号的冷却液从膨胀水箱加入，如图 3-19 所示，加注至下限（MIN）与上限（MAX）刻线之间的规定范围。

⑤ 旋紧加注口盖。

图 3-18　冷却液的排放

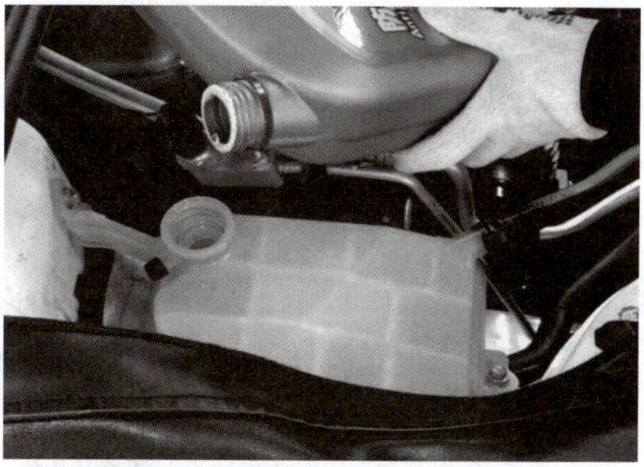

图 3-19　冷却液的添加

⑥ 预热发动机 5min，重新读取液位，应在下限（MIN）与上限（MAX）刻线之间。

⑦ 举升车辆，检查冷却液排放蝶形阀处是否有泄漏，若有应及时处理。

⑧ 举升机降下车辆，再次检查冷却液的液面高度，若低于最低液面，添加适量冷却液至接近上限（MAX）刻线。

【注意】

1. 采用重力法更换冷却液时，实际冷却液的添加量小于车辆维修手册规定标准值，因为采用重力法更换冷却液，存在驱动电机和电机控制器中的冷却液无法彻底排除的问题。

2. 车辆在冬季或寒冷地区加注完冷却液后，要进行冰点值的检测，保证冷却系统中的冷却液冰点值满足使用要求。

4. 高压上电

（1）连接直流母线充电机端插接件。

（2）连接蓄电池负极电缆，关闭机舱盖。

（3）将车辆置于 ON 挡，显示屏显示 READY 指示灯亮，说明上电已经完成。

5. 场地 6S

（1）整理工量具。

（2）清洁实训场地防护。

【警示】

1. 严禁违规操作举升机。

2. 严禁随意倾倒废旧的冷却液。

3. 为保证教学安全性，严禁在车辆行驶的条件下进行任何测试。

任务工单　纯电动汽车驱动电机冷却系统的检查保养

学院		专业	
姓名		学号	
小组成员		组长姓名	

知识重点

1. 纯电动汽车的________的功用是保障驱动电机系统在规定的温度范围之内稳定高效地工作

2. 冷却系统由膨胀水箱、________、________以及橡胶水管等组成

3. 冷却液的主要作用有（　　　　）

A. 防冻　B. 防沸　C. 防锈蚀　D. 抗泡沫性好

4. 冷却液由水、________和________组成，根据防冻剂的不同，将冷却液分为甘油型、酒精型和________3种，目前________冷却液被广泛使用

5. 根据使用方法，将冷却液分为________和________两种

6. 冷却液的选用以________为主，同时综合考虑汽车的使用工况，冷却液的冰点值应该比汽车使用地区近5年平均气温低10℃

任务方案

请各小组根据教材、维修手册、在线课程的示范操作视频，以小组为单位，自主探究具体实训任务方案，完成最终方案，并上传至网络学习平台

一、制订初拟实训任务方案

根据吉利帝豪EV450纯电动汽车驱动电机冷却系统的检查保养任务要求，制订吉利帝豪EV450纯电动汽车驱动电机冷却系统的检查保养计划

制订吉利帝豪EV450纯电动汽车驱动电机冷却系统的检查保养初拟方案		
序号	作业项目	操作要点
计划审核	审核意见： 年　月　日 签字：	

二、根据任务计划完成小组分工

操作人员		安全员	
记录员		审核员	

仪器设备、工具、耗材			
序号	名称	数量	检查是否正常
1			□是□否
2			□是□否
3			□是□否
4			□是□否
5			□是□否
6			□是□否
7			□是□否
8			□是□否
9			□是□否
10			□是□否

三、制订最终实训任务方案

根据吉利帝豪 EV450 纯电动汽车驱动电机冷却系统的检查保养任务要求，制订吉利帝豪 EV450 纯电动汽车驱动电机冷却系统的检查保养计划

完善吉利帝豪 EV450 纯电动汽车驱动电机冷却系统的检查保养最终方案		
序号	作业项目	操作要点
计划审核	审核意见： 年 月 日 签字：	

任务实施

一、前期准备(8分)	
实训内容	操作要求
个人安全防护(3分)	穿好工作服
	佩戴绝缘手套
	佩戴护目镜
	穿绝缘鞋
	不可佩戴金属首饰
车辆防护(2分)	目测车辆正确停至工位
	安装车轮挡块
	目测车辆外观无异常
	将点火开关置于(□ON □OFF)挡
	安装车内三件套：________________
	打开前机舱盖并安装车外三件套：________________
高压下电(3分)	拆卸低压蓄电池(□正极 □负极)电缆
	断开动力电池直流母线车载充电机端插接件
	等待 5min，用________测量动力电池直流母线端正负极电压：________，标准值应小于 1V

<table>
<tr><td colspan="4">二、驱动电机冷却系统的检查(20分)</td></tr>
<tr><td rowspan="3">1. 检查驱动电机冷却系统(10分)</td><td>检查冷却液液位(□是□否)在标准位置下限(MIN)与上限(MAX)之间,若液位太低,应及时添加同等规格的冷却液</td><td rowspan="3">结果判定</td><td rowspan="3">□正常
□损坏</td></tr>
<tr><td>检查冷却系统橡胶水管(□是□否)有老化、开裂、露液的情况</td></tr>
<tr><td>检查水管接头位置(□是□否)有露液的情况,若有应及时处理</td></tr>
<tr><td rowspan="4">2. 检查冷却液的冰点值(10分)</td><td>打开冰点测试仪盖板,用软布仔细擦净检测棱镜</td><td rowspan="4">结果判定</td><td rowspan="4">□正常
□损坏</td></tr>
<tr><td>取待测冷却液2～3滴,置于棱镜上,轻轻合上盖板,避免气泡产生</td></tr>
<tr><td>对准光源或明亮处,眼睛通过目镜观察,转动目镜调节手轮,直到蓝白分界面清晰显示,读取分界处所对应的温度数值,即为冷却液的冰点值为________</td></tr>
<tr><td>查阅维修手册,冷却液的冰点值标准值小于－40℃</td></tr>
<tr><td colspan="4">三、冷却液的更换(32分)</td></tr>
<tr><td rowspan="2">1. 举升车辆(5分)</td><td>整顿实训车辆举升场地,检查车辆举升场地(□是□否)安全</td><td rowspan="2">结果判定</td><td rowspan="2">□正常
□损坏</td></tr>
<tr><td>2人配合,安全规范地将车辆举升至合适位置,检查举升机(□是□否)安全锁止</td></tr>
<tr><td rowspan="4">2. 冷却液的排放(10分)</td><td>检查水泵及冷却液水管(□是□否)有泄漏</td><td>结果判定</td><td>□正常
□损坏</td></tr>
<tr><td>放置废液回收桶</td><td rowspan="3">结果判定</td><td rowspan="3">□正常
□损坏</td></tr>
<tr><td>拆卸________,排放冷却液,用回收容器接收放出的冷却液</td></tr>
<tr><td>安装并紧固________</td></tr>
<tr><td rowspan="6">3. 冷却液的添加(15分)</td><td>2人配合,安全规范地将车辆降落至地面,检查举升机电源开关(□是□否)关闭</td><td rowspan="6">结果判定</td><td rowspan="6">□正常
□损坏</td></tr>
<tr><td>将制订型号的冷却液从膨胀水箱加入,加注________至________刻线之间的规定范围</td></tr>
<tr><td>旋紧加注口盖</td></tr>
<tr><td>预热发动机5分钟,重新读取液位,应在下限(MIN)与上限(MAX)刻线之间</td></tr>
<tr><td>2人配合,安全规范地举升车辆,检查冷却液排放蝶形阀处(□是□否)有泄漏,若有应及时处理</td></tr>
<tr><td>2人配合,安全规范地将车辆降低至地面,再次检查冷却液的液面高度,若低于最低液面,添加适量冷却液至接近“MAX”刻线</td></tr>
<tr><td rowspan="3">4. 整车高压上电(2分)</td><td colspan="3">连接动力电池直流母线车载充电机端插接件</td></tr>
<tr><td colspan="3">连接低压蓄电池(□正极 □负极)电缆</td></tr>
<tr><td colspan="3">启动车辆,READY指示灯亮,即为上电完成</td></tr>
<tr><td colspan="4">四、实训场地6S(5分)</td></tr>
<tr><td>场地6S</td><td colspan="3">按照6S管理标准,整理工具和场地</td></tr>
</table>

任务检查

实训指导老师跟踪实训过程，检查实训结果，并结合整个实训过程给出改进措施及建议

序号	评价指标	评价结果
1	个人安全防护	
2	车辆安全防护	
3	高压下电	
4	冷却液系统的检查	
5	冷却液的冰点值检测	
6	举升机举升车辆	
7	冷却液的排放	
8	冷却液的添加	
9	举升机降落车辆	
10	整车高压上电	
11	场地 6S	
意见和建议		
综合评价		

任务评价

结合自己在实训过程中的表现，进行自我评价及自我反思

一、自我评价

二、自我反思

实训成绩单

项目	评分标准	分值	小组自评分数（30%）	教师评价分数（70%）	综合分数
任务方案（20分）	制订纯电动汽车驱动电机减速机构检查保养计划	10			
	能协同小组人员安排任务分工	5			
	能在实施前准备好所需要的工具器材	5			
任务实施（65分）	个人安全防护	3			
	车辆安全防护	2			
	规范地进行高压系统下电	3			
	冷却液系统的检查	10			
	冷却液的冰点值检测	10			
	举升机举升车辆	5			
	冷却液的排放	10			
	冷却液的添加	10			
	举升机降落车辆	5			
	整车高压上电	2			
	场地6S	5			
注意：若举升机操作过程出现安全违规操作，或者出现废旧齿轮油随意倾倒的情况，任务实施过程分值为0					
任务检查（10分）	学生任务完成，操作过程规范	10			
学生任务评价（5分）	学生能对自身表现情况进行客观评价	2			
	学生在任务实施过程中发现自身问题	3			
得分（满分100）					

项目四

纯电动汽车悬挂转向制动系统的维护与保养

本项目选自汽车运用与维修（含新能源汽车）“1＋X”证书制度-新能源汽车悬挂转向制动安全技术（初级）-等级证书模块，通过本项目的学习，学生可以掌握纯电动汽车电动转向系统检查保养、纯电动汽车车轮检查与换位、纯电动汽车车轮轮胎动平衡检测、纯电动汽车液压制动系统检查所需的职业素质、职业知识和职业技能。

教学课件

新能源汽车电动转向系统检查保养

任务一　纯电动汽车电动转向系统检查保养

任务目标

素质目标：

1. 培养学生安全规范的职业习惯；
2. 培养学生精益求精的职业精神。

知识目标：

1. 归纳纯电动汽车方向盘自由行程的检测方法；
2. 制订纯电动汽车电动转向系统检查保养的方案。

技能目标：

1. 能够正确规范地使用高压个人安全防护用品；
2. 能够安全规范地使用完成纯电动汽车电动转向系统检查保养。

任务描述

纯电动汽车吉利帝豪 EV450 已经行驶了 43900km，现在需做保养，维修技师根据车辆维护保养手册的规定，需要对纯电动汽车电动转向系统做检查保养。那么纯电动汽车电动转向系统检查保养的内容有哪些？如何制订纯电动汽车电动转向系统检查保养的方案？如何安全规范地进行纯电动汽车电动转向系统检查保养？

知识储备

一、纯电动汽车电动转向系统

• 电动转向系统的功能

汽车转向系统是指由汽车驾驶人操纵转向盘实现转向轮偏转和回位的机构，能够按照驾驶人的意图改变汽车行驶方向和保持汽车稳定的直线行驶。汽车转向系统由转向盘、转向轴、机械转向器、横拉杆、转向节、转向节臂和转向轮等构成。以吉利帝豪 EV450 为例，转向系统的布置图如图 4-1 所示，转向系统的结构如图 4-2 所示。

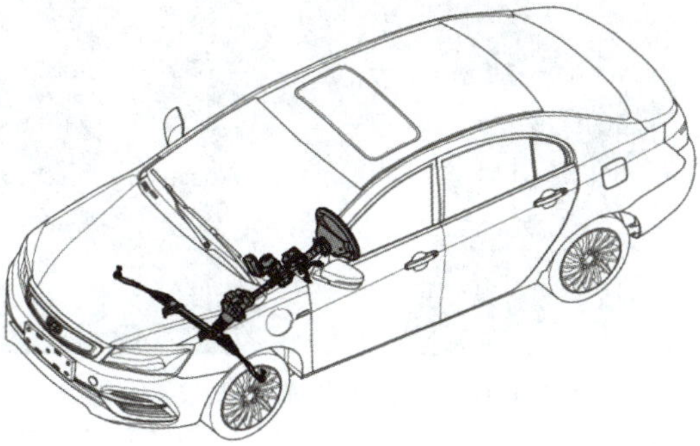

图 4-1　转向系统的布置图

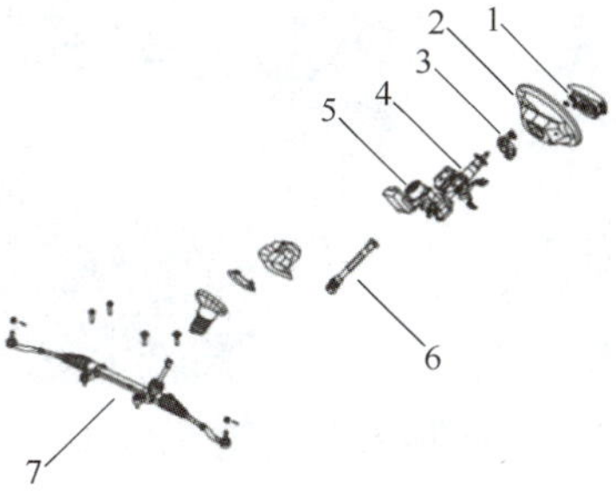

图 4-2　转向系统的结构图

1—安全气囊　2—转向盘　3—时钟弹簧及转角传感器　4—转向柱　5—转向电机总成　6—中间轴　7—机械转向器

二、纯电动汽车电动转向系统检查

• 转向系统基础检查

转向系统基础检查维护主要是检查各个连接处是否牢固，各防止套是否开裂。

(1) 检查转向柱万向节固定螺栓力矩，标准力矩为 30N • m，如图 4-3 所示。

(2) 检查转向横拉杆防尘套是否有开裂、漏油，如图 4-4 所示。

图 4-3　转向柱万向节固定螺栓

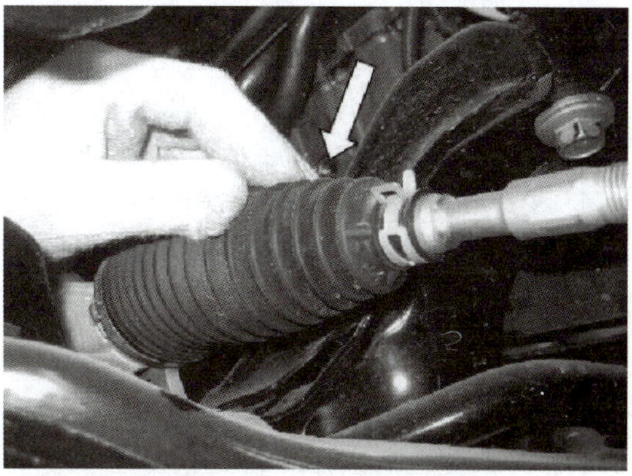

图 4-4　转向横拉杆防尘套检查

(3) 检查转向横拉杆球头及球头固定螺母开口销，如图 4-5 所示。

(4) 检查转向横拉杆球头间隙（转动车轮和转向横拉杆进行检查），如图 4-6 所示。

教学视频

汽车转向横拉杆防尘套的更换

三、转向横拉杆防尘套的更换

1. 准备工作

(1) 穿好个人防护装备。

图 4-5 检查转向横拉杆球头及球头固定螺母开口销

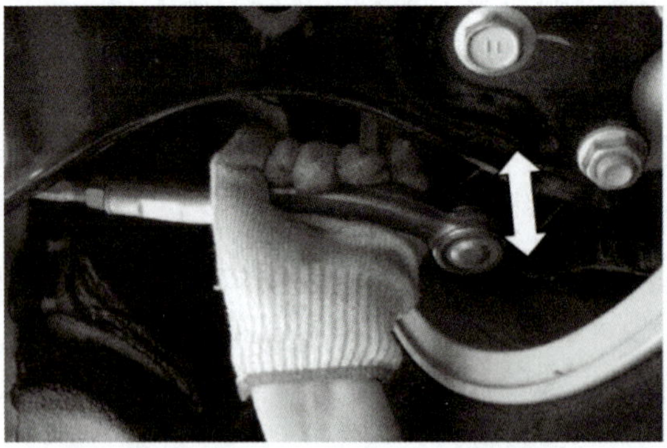

图 4-6 检查转向横拉杆球头间隙

① 穿好工作服。
② 佩戴绝缘手套。
③ 佩戴护目镜。
④ 穿绝缘鞋。

【注意】

1. 使用前必须检查绝缘防护用品，保证其无破损、破洞和裂纹，内外表面清洁、干燥，不能带水进行操作，确保安全。
2. 在实训过程中，不可佩戴金属首饰。

（2）场地防护。
① 设置高压警示牌。
② 放置灭火器。
③ 设置警戒线。
④ 设置专用维修工位接地线。
⑤ 设置绝缘地垫。

【注意】

1. 在维修作业前需采用隔离措施：使用警戒栏隔离，并竖立高压警示牌，以警示不相关人员远离该区域，避免发生安全事故。
2. 保持工作环境干净且通风良好，远离液体和易燃物。

（3）车辆防护。
① 车辆正确停至工位。
② 安装车轮挡块。
③ 目测车辆外观无异常。
④ 铺设车内三件套（脚垫、座椅套、方向盘套）。
⑤ 将点火开关置于 OFF 挡。
⑥ 将挡位置于 P 挡。

⑦ 打开前机舱盖并安装车外三件套（左侧翼子板布、右侧翼子板布、前进气格栅布）。

【注意】

将车辆置于 P 挡，且拉起驻车制动器，防止在实训过程中车辆突然前窜，防止危险事故的发生。

（4）高压下电。

① 拆卸低压蓄电池负极电缆。

② 断开动力电池直流母线车载充电机端插接件，需要等待 5min 以上（待电机控制器、充电机等内部有电容元件的部件充分放电），用万用表的直流挡位，测量动力电池直流母线端正、负极电压，若测量电压应小于 1V，则说明整车高压下电成功。

③使用绝缘胶带，封堵直流母线车载充电机端插接件的正、负极端子，避免在操作过程中手指触摸高压线束插接件里的带电部分，造成触电事故。

【注意】

1. 使用万用表测量高压时，需遵守“单手操作”原则。所使用的万用表一根表笔线上配备绝缘鳄鱼夹（要求耐压为 3kV，过流能力大于 5A），测量时先把鳄鱼夹夹到电路的一个端子，然后用另一支表笔接到需测量端子测量读数，每次测量时只能用一只手握住表笔。

2. 使用万用表测量高压时，严禁触摸表笔金属部分。

3. 维修车辆时，必须设置专职监护人一名，监护人和维修人员必须具备国家认可的《特种作业操作证（电工）》与《初级（含）以上电工证》（职业资格证书）。

4. 监护人工作职责为监督维修的全过程。

2. 转向横拉杆防尘套的更换

（1）举升机举升车辆。

（2）拆卸前轮。

（3）拆卸转向横拉杆和球头。

（4）拆卸电动助力转向器防尘套。

① 拆卸动力转向器防尘套外侧固定卡箍，如图 4-7 所示。

② 拆卸动力转向器防尘套内侧固定卡箍，如图 4-8 所示。

③ 拆卸动力转向器防尘套。

（5）安装转向横拉杆和球头。

① 安装转向器防尘套。

② 安装转向器防尘套内侧固定卡箍，如图 4-9 所示。

③ 安装转向器防尘套外侧固定卡箍，如图 4-10 所示。

（6）安装转向横拉杆和球头。

（7）安装前轮。

（8）调整前轮前束。

（9）放下车辆。

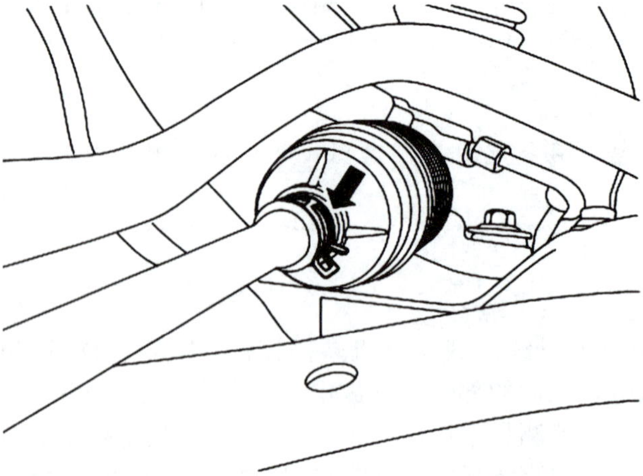

图 4-7　拆卸动力转向器防尘套外侧固定卡箍

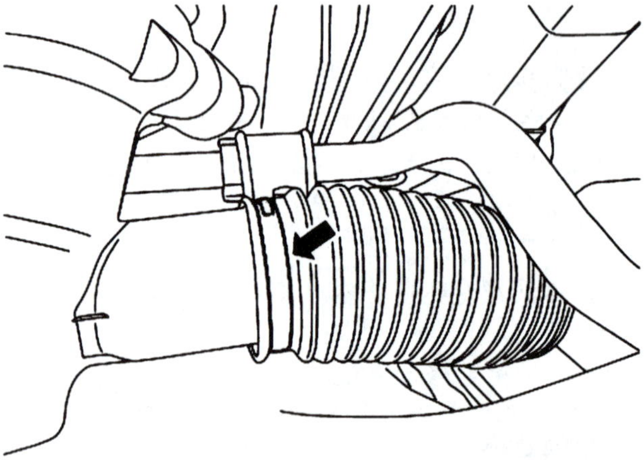

图 4-8　拆卸动力转向器防尘套内侧固定卡箍

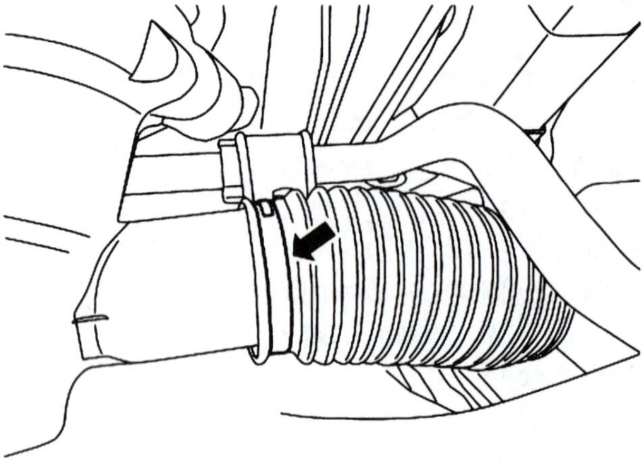

图 4-9　安装转向器防尘套内侧固定卡箍

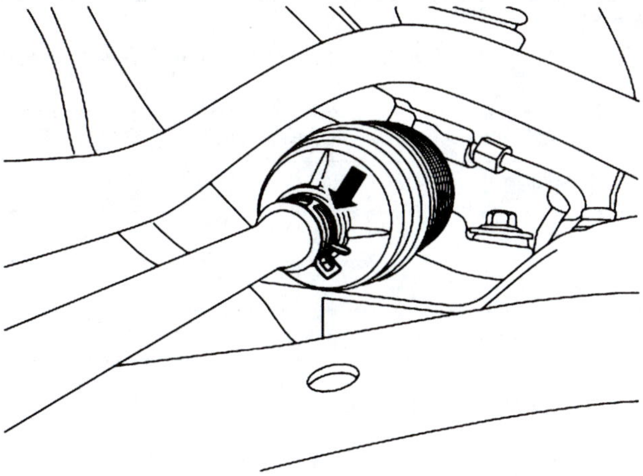

图 4-10　安装转向器防尘套外侧固定卡箍

3. 高压上电

（1）连接直流母线充电机端插接件。

（2）连接蓄电池负极电缆，关闭机舱盖。

（3）将车辆置于 ON 挡，显示屏显示 READY 指示灯亮，说明上电已经完成。

4. 场地 6S

（1）整理工量具。

（2）清洁实训场地防护。

【警示】

1. 严禁违规操作举升机。

2. 为保证教学安全性，严禁在车辆行驶的条件下进行任何测试。

任务工单　纯电动汽车电子助力转向系统的检查保养

学院		专业	
姓名		学号	
小组成员		组长姓名	
知识重点			
1. 汽车转向系统是指由汽车驾驶人操纵实现________和________，能够按照驾驶人的意图改变汽车行驶方向和保持汽车稳定地直线行驶 2. 汽车转向系统由转向盘、________、________、横拉杆、________、转向节臂和转向轮等构成			
任务方案			
请各小组根据教材、维修手册、在线课程的示范操作视频，以小组为单位，自主探究具体实训任务方案，完成最终方案，并上传至网络学习平台			

一、制订初拟实训任务方案

根据吉利帝豪 EV450 纯电动汽车电子助力转向系统的检查保养任务要求，制订吉利帝豪 EV450 纯电动汽车电子助力转向系统的检查保养计划

制订吉利帝豪 EV450 纯电动汽车电子助力转向系统的检查保养初拟方案		
序号	作业项目	操作要点
计划审核	审核意见： 年 月 日 签字：	

二、根据任务计划完成小组分工

操作人员		安全员	
记录员		审核员	
仪器设备、工具、耗材			
序号	名称	数量	检查是否正常
1			□是□否
2			□是□否
3			□是□否
4			□是□否
5			□是□否
6			□是□否
7			□是□否
8			□是□否
9			□是□否
10			□是□否

三、制订最终实训任务方案

根据吉利帝豪 EV450 纯电动汽车电子助力转向系统的检查保养任务要求，制订吉利帝豪 EV450 纯电动汽车电子助力转向系统的检查保养计划

完善吉利帝豪 EV450 纯电动汽车电子助力转向系统的检查保养最终方案		
序号	作业项目	操作要点
计划审核	审核意见： 年　月　日 签字：	

任务实施

一、前期准备(8 分)	
实训内容	操作要求
个人安全防护(3 分)	穿好工作服
	佩戴绝缘手套
	佩戴护目镜
	穿绝缘鞋
	不可佩戴金属首饰
车辆防护(2 分)	目测车辆正确停至工位
	安装车轮挡块
	目测车辆外观无异常
	将点火开关置于(□ON □OFF)挡
	安装车内三件套：________________
	打开前机舱盖并安装车外三件套________________
高压下电(3 分)	拆卸低压蓄电池(□正极 □负极)电缆
	断开动力电池直流母线车载充电机端插接件
	等待 5min，用________测量动力电池直流母线端正负极电压：________，标准值应小于 1V

二、电子助力转向系统的检查(20 分)			
1. 举升车辆(5 分)	整顿实训车辆举升场地，检查车辆举升场地(□是□否)安全 两人配合，安全规范地将车辆举升至合适位置，检查举升机(□是□否)安全锁止	结果判定	□正常 □损坏
2. 检查电子助力转向系统(10 分)	检查转向柱万向节固定螺栓力矩，查阅维修手册标准力矩为________ 检查转向横拉杆防尘套(□是□否)有开裂、漏油，如有应及时处理 检查转向横拉杆球头及球头固定螺母开口销 检查转向横拉杆球头间隙(转动车轮和转向横拉杆进行检查)	结果判定	□正常 □损坏
三、转向横拉杆防尘套的更换(32 分)			
1. 拆卸电动助力转向器防尘套(15 分)	拆卸前胎 拆卸转向横拉杆和球头 拆卸动力转向器防尘套外侧固定卡箍 拆卸动力转向器防尘套内侧固定卡箍 拆卸动力转向器防尘套	结果判定	□正常 □损坏
2. 安装转向横拉杆和球头(15 分)	安装转向器防尘套 安装转向器防尘套内侧固定卡箍 安装转向器防尘套外侧固定卡箍 安装转向横拉杆和球头 安装前轮 调整前轮前束 放下车辆 2 人配合，安全规范地将车辆降低至地面	结果判定	□正常 □损坏
3. 整车高压上电(2 分)	连接动力电池直流母线车载充电机端插接件 连接低压蓄电池(□正极 □负极)电缆 启动车辆，READY 灯亮，即为上电完成		
四、实训场地 6S(5 分)			
场地 6S	按照 6S 管理标准，整理工具和场地		

任务检查

实训指导老师跟踪实训过程，检查实训结果，并结合整个实训过程给出改进措施及建议

序号	评价指标	评价结果
1	个人安全防护	
2	车辆安全防护	
3	高压下电	
4	举升机举升车辆	
5	检查电子助力转向系统	

序号	评价指标	评价结果
6	拆卸电动助力转向器防尘套	
7	安装转向横拉杆和球头	
8	举升机降落车辆	
9	整车高压上电	
10	场地 6S	
意见和建议		
综合评价		

任务评价

结合自己在实训过程中的表现，进行自我评价及自我反思

一、自我评价

____

____

____

____

二、自我反思

____

____

____

____

实训成绩单

项目	评分标准	分值	小组自评分数（30%）	教师评价分数（70%）	综合分数
任务方案（20分）	制订纯电动汽车电子助力转向系统检查保养计划	10			
	能协同小组人员安排任务分工	5			
	能在实施前准备好所需要的工具器材	5			
任务实施（65分）	个人安全防护	3			
	车辆安全防护	2			
	规范地进行高压系统下电	3			
	举升机举升车辆	5			
	检查电子助力转向系统	10			
	拆卸电动助力转向器防尘套	15			
	安装转向横拉杆和球头	15			
	举升机降落车辆	5			

续表

项目	评分标准	分值	小组自评分数（30%）	教师评价分数（70%）	综合分数
任务实施（65 分）	整车高压上电	2			
	场地 6S	5			
注意：若举升机操作过程出现安全违规操作，任务实施过程分值为 0					
任务检查（10 分）	学生任务完成，操作过程规范	10			
学生任务评价（5 分）	学生能对自身表现情况进行客观评价	2			
	学生在任务实施过程中发现自身问题	3			
得分（满分 100）					

教学课件

纯电动汽车车轮轮胎总成的检查与换位

任务二　纯电动汽车车轮轮胎总成的检查与换位

任务目标

素质目标：

1. 培养学生安全规范的职业习惯；
2. 培养学生吃苦耐劳的职业精神。

知识目标：

1. 归纳轮胎的类型；
2. 能够判断轮胎的磨损类型。

技能目标：

1. 能够正确规范地制订纯电动汽车车轮轮胎检查与换位的方案；
2. 能够安全规范地使用完成纯电动汽车车轮轮胎检查与换位。

任务描述

纯电动汽车吉利帝豪 EV450 已经行驶了 10600km，在行驶过程中出现行驶跑偏的情况，维修技师初步判断可能是轮胎异常磨损造成的，需要做轮胎的检查与换位。那么，为什么要做轮胎的检查与换位？轮胎的检查与换位的内容有哪些？如何制订轮胎的检查与换位的方案？如何安全规范地进行轮胎动平衡检测？

知识储备

教学视频

轮胎的结构与规格

一、轮胎

轮胎是用来支撑汽车重量，承受路面传来的各种载荷，与汽车悬架共同来缓和汽车行驶中所受到的冲击，并衰减由此产生的震动，以保证汽车有良好的乘坐舒适性和行驶的平顺性，同时轮胎还提供了必需的附着力，提高汽车动力性、制动性和通过性。

二、轮胎的分类

1. 按有无内胎分类

按有无内胎分类，可分为有内胎轮胎和真空轮胎两种，如图 4-11 所示。

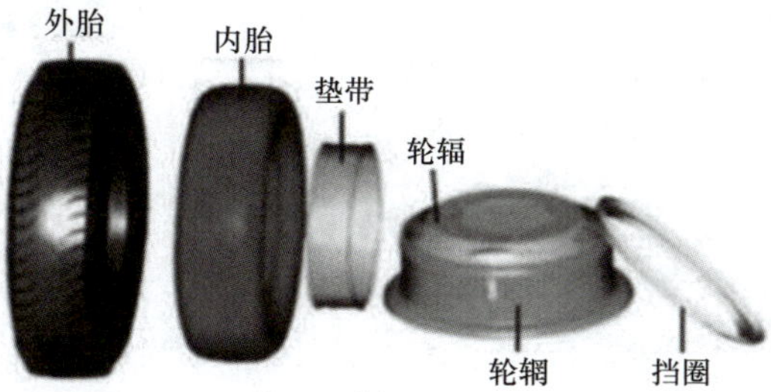

(a)

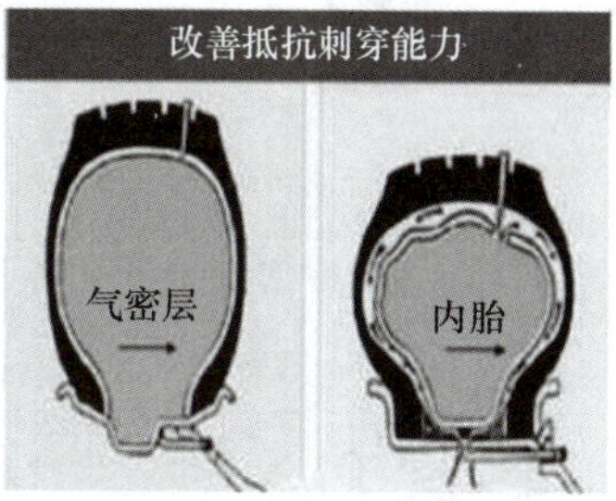

(b)

图 4-11 轮胎按有无内胎分类

（a）有内胎轮胎 （b）真空轮胎

真空胎内壁上附加一层约 2～3mm 的橡胶气密层，当轮胎被刺破后，气密层的橡胶处于压缩状态而紧箍刺穿物，使得轮胎不漏气或漏气缓慢，因此，这种轮胎突出的优点是安全。在轿车上使用较多，并在货车上开始使用。

2. 按胎体中帘线排列方向

按轮胎胎体中帘线排列方向分类，可分为斜交轮胎和子午线轮胎两种，轮胎的基本构造，如图 4-12 所示。

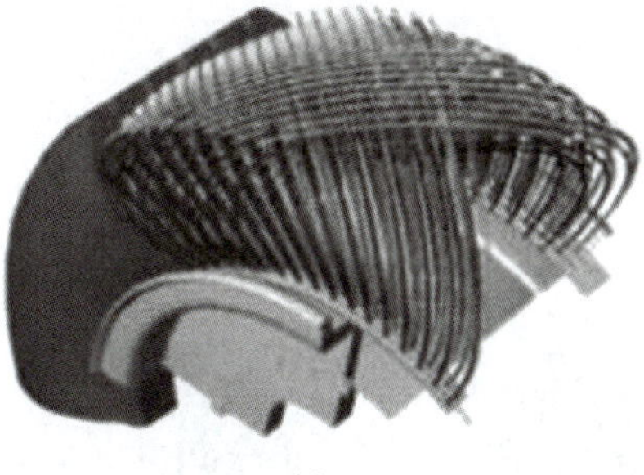

(a)

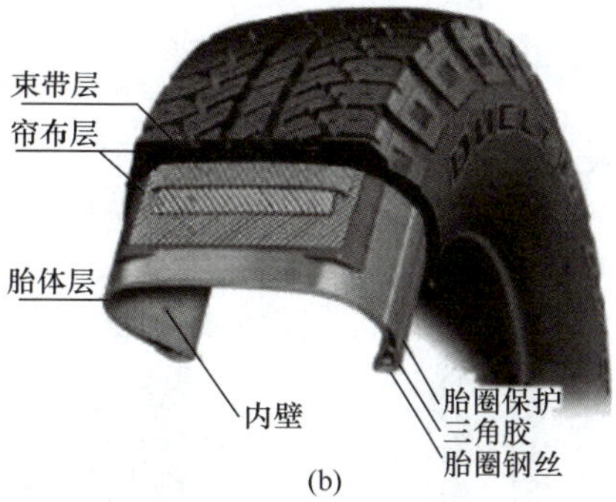

(b)

图 4-12 轮胎按帘布层方向分类

（a）斜交轮胎 （b）子午线轮胎

子午线轮胎质量轻，轮胎弹性大，减震性能好，寿命长，接地面积大，抓地力好，节省燃油消耗，转弯稳定，刺破率低，车辆转向反应快，舒适、自洁能力等。

目前，乘用车轮胎基本都是子午线轮胎。

3. 按轮胎花纹分类

按轮胎花纹分类，可分为横向花纹、纵向花纹、混合花纹和越野花纹四类，如表 4-1 所示。

4. 按胎压分类

（1）超低压轮胎，充气压力一般在低于 $2kgf/cm^2$ * 。

---

* $1kgf/cm^2 \approx 0.098MPa$

表 4-1　　轮胎按胎面花纹分类

类别	横向花纹	纵向花纹	混合花纹	越野花纹
图片				
优点	胎面花纹按轮胎轴向排列，具有制动力和牵引力、耐切割性能、耐磨性能好等	滚动阻力小，不易侧滑，可以为汽车提供良好的操控稳定性，由于行驶过程中产生的热量低，可以显示良好的高速性能，低噪声，提供良好的驾乘体验	胎面中央的纵向花纹可为轮胎提供良好的操控性能并防止侧滑，而胎面肩部的羊角花纹（横向花纹）为轮胎提供良好的牵引性能和制动性能	驱动力、制动力强
缺点	易侧滑，易发生异常磨损，而且滚动阻力大、噪声大、高速性能差，因此这样轮胎不适宜进行高速行驶	较差的制动性能和驱动力，且在负荷下容易出现开裂现象	—	耐磨性差、寿命短、行驶摩擦阻力大、易产生异常磨损
应用	适用于一般硬路面、牵引力比较大的中型或重型货车使用	轻型客车和普通轿车或摩托车上	应用较广，多用于货车、客车以及 SUV 上	适用越野车

（2）低压轮胎，充气压力一般在 2～5.5kgf/cm^2，弹性好、断面宽，与道路接触面积大，壁薄而散热性能好，提高了驾驶的平顺性和转向操纵性，现在货车和轿车广泛使用。

（3）高压轮胎。

充气压力一般在 5.5kgf/cm^2 以上，刚度大，缓冲性能差，已很少使用。

三、轮胎胎面的磨损类型

汽车轮胎在行驶过程中，轮胎的气压过低或过高、轮胎的动不平衡、前轮定位参数过大或过小等因素均可以造成车轮轮胎的异常磨损。常见的异常磨损类型及形成原因如图 4-13 所示。

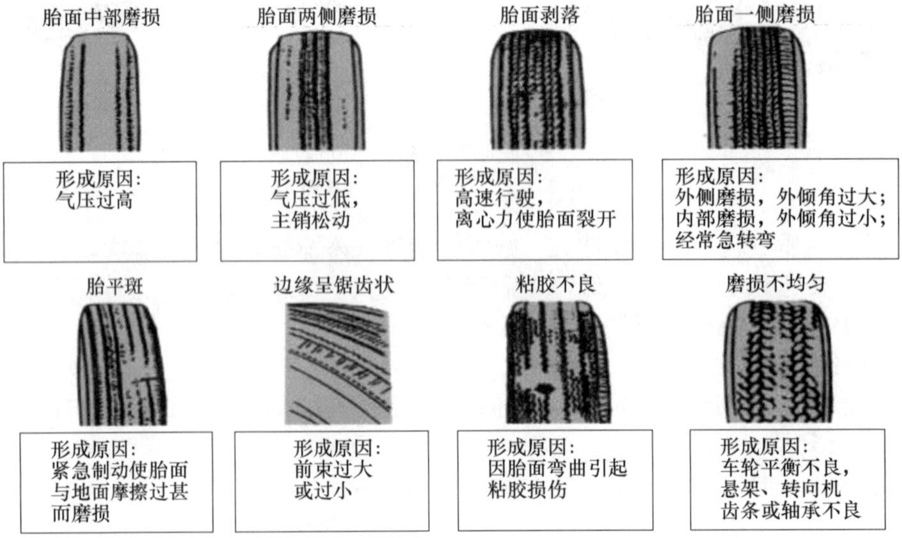

图 4-13　轮胎胎面的异常磨损类型及形成原因

四、轮胎检查

1. 车轮和轮胎的外观检查

（1）检查轮胎胎面是否异常磨损，若有分析出原因，如图 4-14 所示。

(a) (b) (c)

图 4-14 轮胎胎面的异常磨损

（a）单边磨损异常 （b）胎面中间磨损异常 （c）胎面龟裂

教学视频

轮胎的检查与换位

（2）检查轮胎胎面和胎壁是否嵌入金属物、石子或其他异物，若有应及时处理，如图 4-15 所示。

图 4-15 轮胎胎面异物检查

（3）检查轮辐和轮辋是否损坏、腐蚀和变形，平衡块是否脱落，如图 4-16 所示。

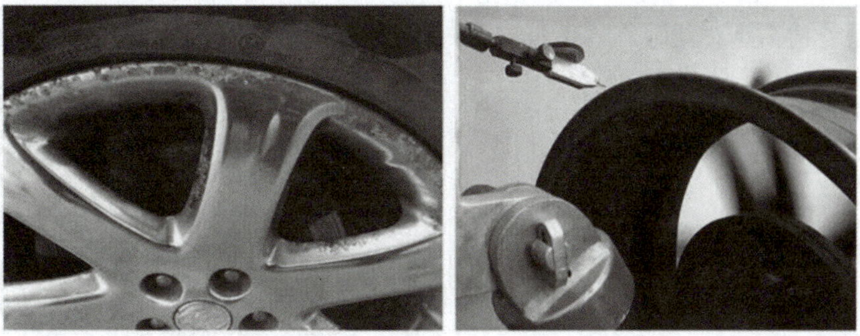

(a) (b)

图 4-16 轮辐和轮辋检查

（a）轮辋腐蚀 （b）轮辋变形

（4）检查车轮轴承间隙是否有明显的松旷，运转是否良好，是否有明显的噪声。

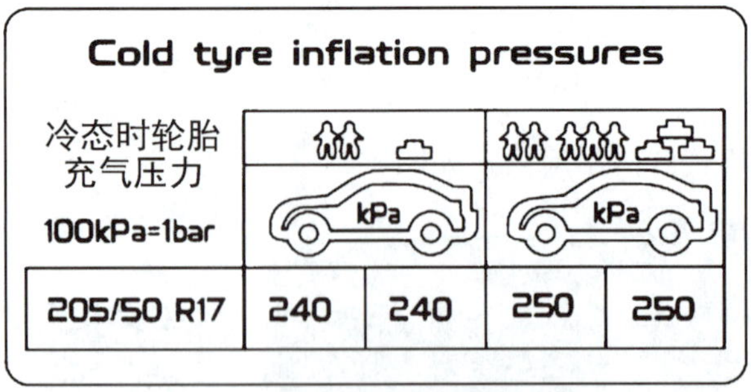

图 4-17 吉利帝豪 EV450 轮胎铭牌

2. 轮胎的检查与测量

(1) 检查轮胎胎压。吉利帝豪 EV450 轮胎铭牌永久张贴在左中柱外侧下方的位置，标签上列出了车辆最大承载能力、轮胎尺寸和冷充气压力，如图 4-17 所示。

使用胎压表检测轮胎胎压是否在规定范围内，如图 4-18 所示，若轮胎胎压过低，应及时补充。

图 4-18 轮胎胎压检测

【注意】

1. 轮胎气压对于轮胎的磨损、故障损坏方面都有决定性的影响，因此为了安全行驶，必须维持标准气压和定期检查气压。

2. 轮胎的负荷能力是与它的充气压力相对应的，必须根据车辆的负荷情况来确定轮胎的合理气压。气候及季节的变化不应成为轮胎气压调整的理由。

3. 长时间高速行驶时应将轮胎气压提高 10%～15%。

(2) 检查轮胎胎纹高度。使用胎纹深度尺检测检查轮胎胎纹高度，如图 4-19 所示，同一条花纹沿圆周方向去 3 个点进行测量，通过轮胎胎纹的最小测量值来判断轮胎的磨损情况。

【注意】

一般乘用车车轮轮胎胎冠的花纹深度应大于或等于 1.6mm。

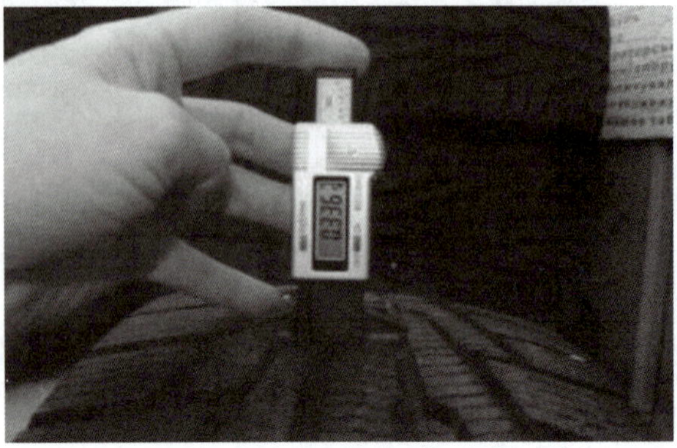

图 4-19 轮胎胎纹深度检测

五、轮胎换位

车辆前后轮由于运转时所承受的负荷各不相同，磨损的情况也会大不相同，所以为避免轮胎受单一方向的磨损，定期适时将轮胎换位才能使轮胎磨损均匀，进而延长轮胎的寿命。建议每 5000～8000km 换位一次。

1. 轮胎换位的主要目的

（1）保证轮胎磨损的均匀及疲劳度平均化，确保稳定性与经济性。

（2）换位时检查轮胎的状况，及时发现损伤，预防事故发生。

【注意】

如果明显存在轮胎磨损不均，则应排除造成这种磨损的故障原因。如果轮胎换位，建议同时检查轮胎和车轮总成平衡。

2. 轮胎换位类型

查阅吉利帝豪 EV450 维修手册，轮胎换位的类型有两种，即“无旋转方向”轮胎的交叉换位和“无旋转方向”轮胎的平行换位，如图 4-20 所示。

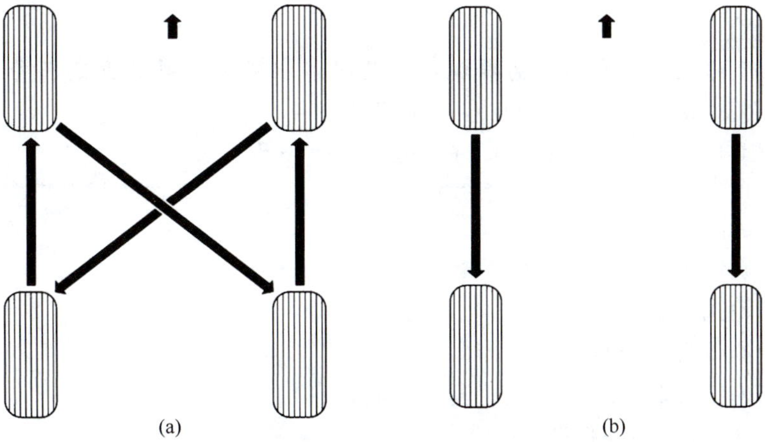

图 4-20　轮胎换位类型

（a）“无旋转方向”轮胎的交叉换位　（b）“无旋转方向”轮胎的平行换位

3. 轮胎换位周期

当按照“用户手册”中描述的保养时间表，对轮胎执行制动检查时，建议对轮胎进行交叉换位，或当前轮轮胎和后轮轮胎的胎面深度差值达到 1.6mm（0.08in）时，也应该对轮胎进行交叉换位。

六、轮胎换位操作流程

1. 准备工作

（1）穿好个人防护装备。

① 穿好工作服。

② 佩戴绝缘手套。

③ 佩戴护目镜。

④ 穿绝缘鞋。

【注意】

1. 使用前必须检查绝缘防护用品，保证其无破损、破洞和裂纹，内外表面清洁、干燥，不能带水进行操作，确保安全。

2. 在实训过程中，不可佩戴金属首饰。

（2）场地防护。

① 设置高压警示牌。

② 放置灭火器。

③ 设置警戒线。

④ 设置专用维修工位接地线。

⑤ 设置绝缘地垫。

【注意】

1. 在维修作业前需采用隔离措施：使用警戒栏隔离，并竖立高压警示牌，以警示不相关人员远离该区域，避免发生安全事故。

2. 保持工作环境干净且通风良好，远离液体和易燃物。

（3）车辆防护。

① 车辆正确停至工位。

② 安装车轮挡块。

③ 目测车辆外观无异常。

④ 铺设车内三件套（脚垫、座椅套、方向盘套）。

⑤ 将点火开关置于 OFF 挡。

⑥ 将挡位置于 P 挡。

⑦ 打开前机舱盖并安装车外三件套（左侧翼子板布、右侧翼子板布、前进气格栅布）。

【注意】

将车辆置于 P 挡，且拉起驻车制动器，防止在实训过程中车辆突然前窜，防止危险事故的发生。

2. 轮胎的拆卸

（1）用拆卸工具取出车轮螺母罩，按照标准拆卸顺序，预松车轮轮胎总成的固定螺栓，如图 4-21 所示。

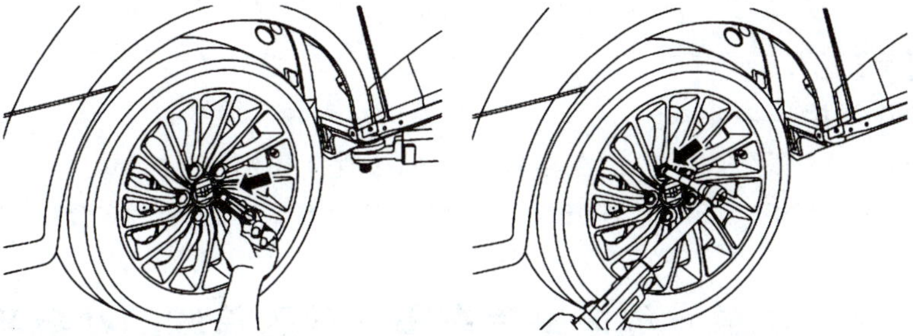

图 4-21　预松车轮轮胎总成的固定螺栓

【注意】

只需将车轮轮胎总成的固定螺栓拧松 2～3 个螺距即可，严禁车轮在地面时，拆卸整个轮胎。

（2）举升机举升车辆。

（3）按照图 4-22 所示螺栓顺序 1→5→2→4→3 拆卸轮胎和车轮总成。

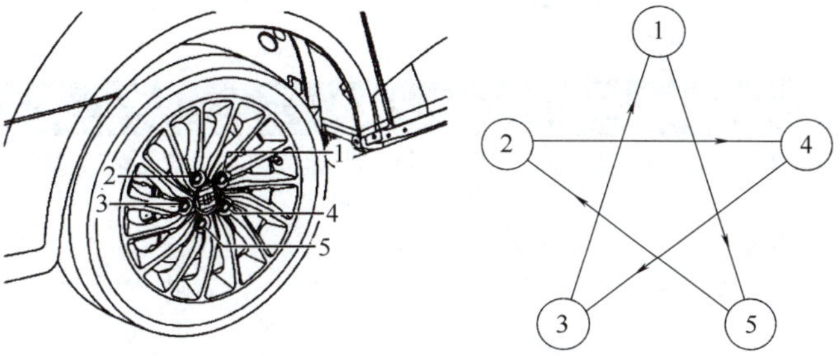

图 4-22　轮胎螺栓拆卸顺序

1～5—螺栓

【注意】

记录每个轮胎和车轮总成相对车辆的原始位置。

（4）选择“无旋转方向”轮胎的交叉换位方法，将轮胎和车轮总成换位。

（5）按照标准拆卸顺序，安装轮胎和车轮总成固定螺栓，如图 4-22 所示。

（6）放下车辆。

（7）按照标准拆卸顺序，拧紧轮胎和车轮总成固定螺栓，查阅维修手册，用扭力扳手施加标准力矩至 120 N·m，安装车轮螺母罩。

（8）检查和调整轮胎充气压力。

3. 场地 6S

（1）整理工量具。

（2）清洁实训场地防护。

【警示】

1. 严禁违规操作举升机。
2. 为保证教学安全性，严禁在车辆行驶的条件下进行任何测试。

任务工单　纯电动汽车车轮轮胎总成的检查与换位

学院		专业	
姓名		学号	
小组成员		组长姓名	

知识重点

1. 按有无内胎分类，可分为有________和________两种
2. 按有轮胎胎体中帘线排列方向分类，可分为有________和________两种，目前，乘用车轮胎基本都是________
3. 按轮胎花纹分类，可分为________、________、越野花纹、________四类
4. 简述轮胎胎面磨损的类型以及形成原因

任务方案

请各小组根据教材、维修手册、在线课程的示范操作视频，以小组为单位，自主探究具体实训任务方案，完成最终方案，并上传至网络学习平台

一、制订初拟实训任务方案

根据吉利帝豪 EV450 纯电动汽车车轮轮胎总成的检查与换位任务要求，制订吉利帝豪 EV450 纯电动汽车车轮轮胎总成的检查与换位计划

制订吉利帝豪 EV450 纯电动汽车维护保养指示器复位初拟方案		
序号	作业项目	操作要点
计划审核	审核意见： 年　月　日 签字：	

二、根据任务计划完成小组分工

操作人员		安全员	
记录员		审核员	

仪器设备、工具、耗材			
序号	名称	数量	检查是否正常
1			□是□否
2			□是□否
3			□是□否
4			□是□否
5			□是□否
6			□是□否
7			□是□否
8			□是□否
9			□是□否
10			□是□否

三、制订最终实训任务方案

根据吉利帝豪 EV450 纯电动汽车车轮轮胎总成的检查与换位任务要求，制订吉利帝豪 EV450 纯电动汽车车轮轮胎总成的检查与换位计划

完善吉利帝豪 EV450 纯电动汽车车轮轮胎总成的检查与换位最终方案		
序号	作业项目	操作要点
计划审核	审核意见： 年　月　日 签字：	

任务实施

一、前期准备（5 分）

实训内容	操作要求
个人安全防护（3 分）	
车辆防护（2 分）	

二、车轮轮胎总成的检查与换位（55 分）

1. 轮胎的拆卸（10 分）	用拆卸工具取出车轮螺母罩，按照标准拆卸顺序，预松车轮轮胎总成的固定螺栓	结果判定	□正常 □损坏
	整顿实训车辆举升场地，检查车辆举升场地（□是□否）安全 两人配合，安全规范地将车辆举升至合适位置，检查举升机（□是□否）安全锁止	结果判定	□正常 □损坏
	按照螺栓顺序 1→5→2→4→3 拆卸轮胎和车轮总成		
2. 车轮和轮胎的外观检查（10 分）	检查轮胎胎面（□是□否）异常磨损，若有分析出原因	结果判定	□正常 □损坏
	检查轮胎胎面和胎壁（□是□否）嵌入金属物、石子或其他异物，若有应及时处理		
	检查车轮和轮辐（□是□否）损坏、腐蚀和变形，平衡块（□是□否）脱落		
	检查车轮轴承间隙（□是□否）有明显的松旷，运转（□是□否）良好，（□是□否）有明显的噪声		
3. 轮胎的检查与测量（15 分）	用________测量轮胎胎压 左前轮标准胎压：________；左前轮测量胎压：________；胎压（□是□否）正常 右前轮标准胎压：________；右前轮测量胎压：________；胎压（□是□否）正常 左后轮标准胎压：________；左后轮测量胎压：________；胎压（□是□否）正常 右后轮标准胎压：________；右后轮测量胎压：________；胎压（□是□否）正常	结果判定	□正常 □损坏
	用________测量轮胎胎纹高度，测量值为________，标准值为________，轮胎胎纹高度（□是□否）正常	结果判定	□正常 □损坏
4. 轮胎换位（5 分）	选择________换位方法，将轮胎和车轮总成换位	结果判定	□正常 □损坏

续表

5. 轮胎安装 (15 分)	按照标准拆卸顺序,安装轮胎和车轮总成固定螺栓	结果判定	□正常 □损坏
	2 人配合,安全规范地将车辆降低至地面		
	按照标准拆卸顺序,拧紧轮胎和车轮总成固定螺栓,查阅维修手册,用扭力扳手施加标准力矩至________,安装车轮螺母罩		
三、实训场地 6S(5 分)			
场地 6S	按照 6S 管理标准,整理工具和场地		

任务检查

实训指导老师跟踪实训过程,检查实训结果,并结合整个实训过程给出改进措施及建议

序号	评价指标	评价结果
1	个人安全防护	
2	车辆安全防护	
3	车轮的拆卸	
4	车轮和轮胎的外观检查	
5	轮胎的检查与测量	
6	轮胎换位	
7	轮胎安装	
8	场地 6S	
意见和建议		
综合评价		

任务评价

结合自己在实训过程中的表现,进行自我评价及自我反思

一、自我评价

____

____

____

____

二、自我反思

____

____

____

____

实训成绩单

项目	评分标准	分值	小组自评分数（30%）	教师评价分数（70%）	综合分数
任务方案（20分）	制订车轮轮胎总成检查与换位计划	10			
	能协同小组人员安排任务分工	5			
	能在实施前准备好所需要的工具器材	5			
任务实施（65分）	个人安全防护	3			
	车辆安全防护	2			
	车轮的拆卸	10			
	车轮和轮胎的外观检查	10			
	轮胎的检查与测量	15			
	轮胎换位	5			
	轮胎安装	15			
	场地6S	5			
注意：若举升机操作过程出现安全违规操作，或者出现没有举升车辆直接在地面时拆卸轮胎的情况，任务实施过程分值为0					
任务检查（10分）	学生任务完成，操作过程规范	10			
学生任务评价（5分）	学生能对自身表现情况进行客观评价	2			
	学生在任务实施过程中发现自身问题	3			
得分（满分100）					

任务三　纯电动汽车车轮轮胎总成动平衡检测

教学课件

纯电动汽车车轮轮胎总成动平衡检测

任务目标

素质目标：

1. 培养学生爱岗敬业的职业习惯；
2. 培养学生精益求精的职业精神。

知识目标：

1. 能够判读轮胎的类型；
2. 掌握轮胎的选用方法。

技能目标：

1. 制订车轮轮胎总成动平衡检测的方案；
2. 能够安全规范地使用完成车轮轮胎总成动平衡检测。

任务描述

纯电动汽车吉利帝豪EV450需更换轮胎，维修技师更换完轮胎，并做了车轮轮胎动平衡检测。那么，为什么要做轮胎动平衡检测？轮胎动平衡检测的内容有哪些？如何制订轮胎动平衡检测的方案？如何安全规范地进行轮胎动平衡检测？

知识储备

一、轮胎规格型号

轮胎的规格型号标记于轮胎外侧，如图 4-23（a）所示，由数字和字母组成，包括轮胎的断面宽度、轮胎的扁平率、轮胎的类型、轮辋直径、承载负荷等级以及速度等级 6 个参数。轮胎的各尺寸位置如图 4-23（b）所示。

(a)

序号	项目
1	轮胎直径
2	轮胎总宽度
3	适用轮辋宽度
4	轮辋直径
5	断面宽度(W)
6	断面高度(H)
7	胎面宽度

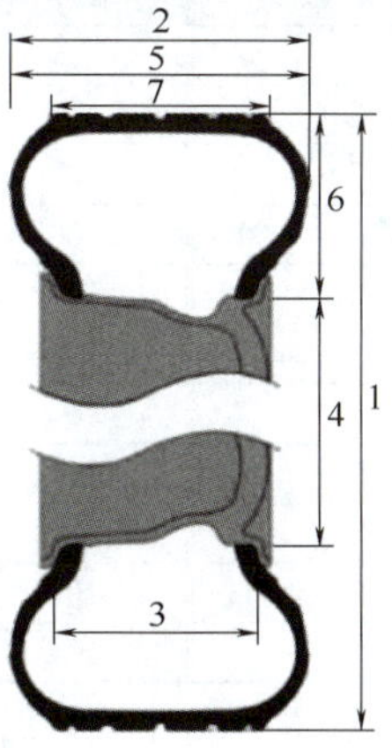

(b)

图 4-23　轮胎标记位置及规格型号

（a）轮胎的标记位置　（b）轮胎各尺寸位置

以 205/55R16 91V 为例，介绍轮胎的规格型号。

205 代表轮胎的断面宽度为 205mm，一般轮胎的断面宽度在 145～285mm，间隔为 10mm。

55 代表轮胎的扁平率为 55％，即轮胎断面高度与轮胎断面宽度的比值，如图 4-24 所示不同扁平率的轮胎。

R 代表子午线轮胎。

图 4-24 不同扁平率的轮胎示意

16 代表与轮胎相适应的轮辋的直径，单位为英寸（1in=25.4mm）。

91 代表轮胎载重指数，如表 4-2 所示，查阅表格可知，91 对应的载荷为 615kg。

V 代表轮胎速度等级，如表 4-3 所示，查阅表格可知，V 对应的最高车速为 240km/h。

表 4-2 轮胎载重指数对照表

标数	最大负荷/kg	标数	最大负荷/kg	标数	最大负荷/kg
70	335	90	600	110	1060
71	345	91	615	111	1090
72	355	92	630	112	1120
73	365	93	650	113	1150
74	375	94	670	114	1180
75	387	95	690	115	1215
76	400	96	710	116	1250
77	412	97	730	117	1285
78	425	98	750	118	1320
79	437	99	775	119	1360
80	450	100	800	120	1400
81	462	101	825	121	1450
82	475	102	850	122	1500
83	487	103	875	123	1550
84	500	104	900	124	1600
85	515	105	925	125	1650
86	530	106	925	126	1700
87	545	107	975	127	1750

表 4-3 轮胎速度级别对照表

速度符号	最高速度/km·h^{-1}	速度符号	最高速度/km·h^{-1}
E	70	Q	160
F	80	R	170
G	90	S	180
J	100	T	190
K	110	U	200
L	120	H	210
M	130	V	240
N	140	W	270
P	150	Y	300

轿车轮胎的花纹沟槽底部有轮胎的磨耗标志，对应的胎肩处标有“TWI”或者“△”等符号，如图 4-25 所示，轮胎胎面磨损到此处，花纹沟槽会断开，此时轮胎必须停止使用进行翻新或报废。

图 4-25　轮胎的磨耗标识

在轮胎的侧面还标记有轮胎的生产日期，如图 4-26 所示，其中 1920 代表 2020 年第 19 周生产的轮胎。一般轮胎的保质期为 6～8 年。一旦过了保质期，轮胎将失去防滑耐磨性，即使轮胎磨损没有达到极限值，也要更换轮胎。

图 4-26　轮胎的生产日期标识

在轿车轮胎的胎侧可以看到“3T”标识。所谓“3T”，即 Treadwear（耐磨指数）、Traction（牵引性能）和 Temperature（温度级别）这 3 种标识，如图 4-27 所示。

图 4-27　轮胎的“3T”标识

二、轮胎动平衡

教学视频

轮胎动平衡

汽车车轮总成由轮胎和轮辋组成，由于制造等原因，使得车轮轮胎总成各部分的质量分布不均匀。当车轮轮胎总成高速旋转时，会造成车辆在行驶中出现车轮及方向盘抖动的现象。为了避免这种现象，就需要在轮胎上通过增加配重的方法，使车轮校正各边缘部分的平衡。这个校正的过程就是人们常说的动平衡。

轮胎动不平衡会造成方向盘高速抖动、轮胎偏磨轴承、悬架受损等故障现象，如图4-28所示。

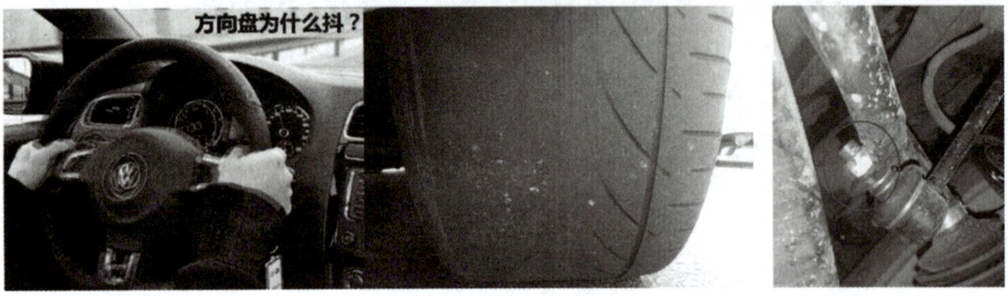

图 4-28　轮胎动不平衡的影响

1. 车轮平衡的概念

车轮的平衡可分为车轮静平衡和车轮动平衡。

（1）车轮静平衡与静不平衡。支起车轴，调整好轮毂轴承松紧度，用手轻转动车轮，使其自然停转。车轮停转后在离地最近处做一标记，然后重复上述试验多次。若车轮经几次转动自然停转后，所做标记的位置各不一样，或强迫停转后，消除外力车轮也不再转动，则车轮为静平衡。静平衡的车轮，其旋转中心与车轮中心重合。

如果每次试验的标记都停在离地最近处，则车轮为静不平衡。静不平衡的车轮，其旋转中心与车轮中心不重合。

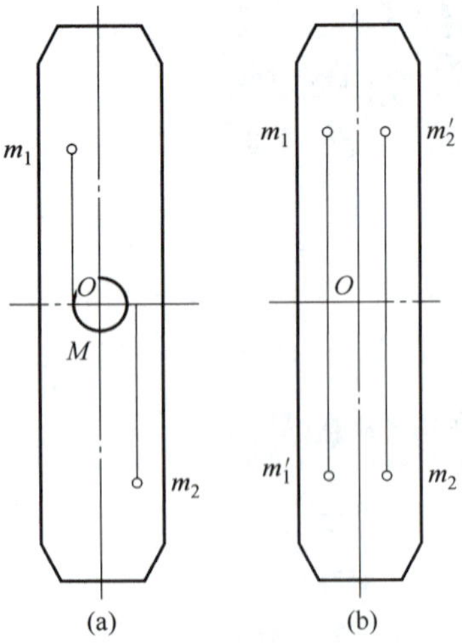

图 4-29　车轮平衡示意图

（a）车轮静平衡但动不平衡

（b）车轮动平衡且静平衡

（2）车轮动平衡与动不平衡。在图4-29（a）中，车轮是静平衡的，在该车轮旋转轴线的径向反位置上，各有一作用半径相同且质量也相同的不平衡点m_1与m_2，且不处于同一平面内。对于这样的车轮，其不平衡点的离心力合力为零，但离心力的合力矩不为零，转动中产生方向反复变动的力偶M，使车轮处于动不平衡中。动不平衡的前轮绕主销摆动。如果在m_1与m_2同一作用半径的相反方向上配置相同质量m_1'与m_2'，则车轮处于动平衡中，如图4-29（b）所示。动平衡的车轮肯定是静平衡的，因此对车轮主要应进行动不平衡检测。

2. 引起车轮不平衡的原因

（1）轮毂、制动鼓（盘）加工时定心定位不准、加工误差大、非加工面铸造误差大、热处理变形、使用中变形或磨损不均。

（2）轮胎螺栓质量不等、轮胎质量分布不均或径向圆跳动、端面圆跳动太大。

（3）轮胎质量分布不均、尺寸或形状误差太大、使用中变形或磨损不均、使用翻新胎或补胎。

（4）并装双胎的充气嘴未相隔 180°安装，单胎的充气嘴未与不平衡点标记（经过平衡试验的新轮胎，往往在胎侧标有红、黄、白或浅蓝色的□、△、○或◇符号，用来表示不平衡点位置）相隔 180°安装。

（5）轮毂、制动鼓（盘）、轮胎螺栓、轮、内胎、衬带、轮胎等拆卸后重新组装成车轮时，累计的不平衡质量或形位偏差太大，破坏了原来的平衡。

3. 平衡块

平衡块又称为轮胎平衡块，如图 4-30 所示，是车辆安装在车轮上的配重部件，平衡块的作用在于使车轮在高速旋转下保持动平衡。一般分为两类，一种是贴于轮辋内圈上的，一种是安装在轮辋边缘。

图 4-30　平衡块及安装位置

4. 车轮平衡机的类型

车轮平衡机也称为车轮平衡仪，用来检测车轮的平衡度。按功能可分为车轮静平衡机和车轮动平衡机两类；按测量方式可分为离车式车轮平衡机和就车式车轮平衡机两类；按车轮平衡机转轴的形式可分为软式车轮平衡机和硬式车轮平衡机两类。

离车式车轮平衡机，需要将车轮从车上拆下安装到车轮平衡机的转轴上检测其平衡状况。就车式车轮平衡机既可进行静平衡试验，又可进行动平衡试验。

软式车轮平衡机，安装车轮的转轴由弹性元件支承。当被测车轮不平衡时，该轴与其上的车轮一起震动，测得该震动即可获得车轮的不平衡量。硬式车轮平衡机的转轴由刚性元件支承，工作中转轴不产生震动，它是通过直接测量车轮旋转时不平衡点产生的离心力来确定不平衡量的。

凡是可以测定车轮左、右两侧的不平衡量及其相位的，可以称为二面测定式车轮平衡机。

三、离车式车轮平衡机的结构与使用方法

- **离车式车轮平衡机的结构简介**

离车式车轮平衡机如图 4-31（a）所示，其专用卡尺如图 4-31（b）所示，是目前应用最多的。

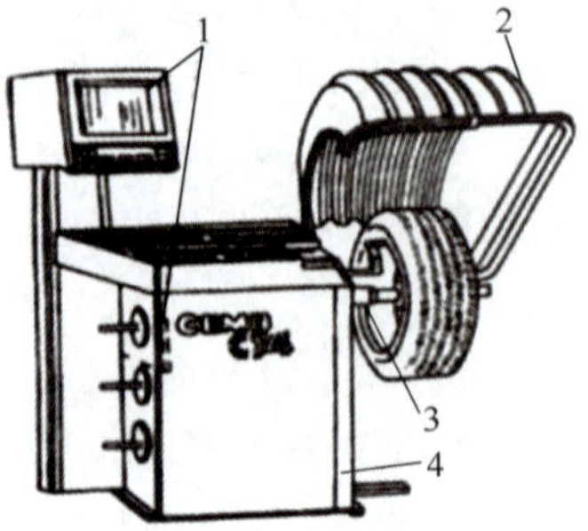

(a)

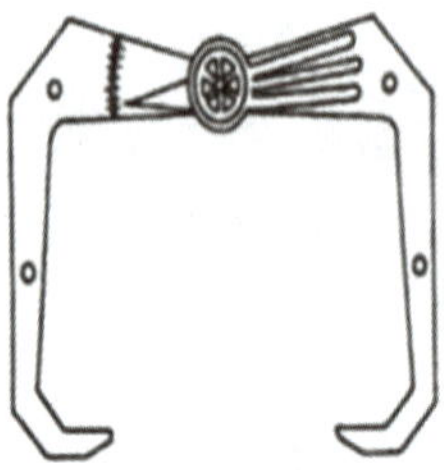

(b)

图 4-31 离车式平衡机

（a）离车式车轮平衡机 （b）离车式车轮平衡机的专用卡尺

1—显示与控制装置 2—车轮防护罩 3—转轴 4—机箱

该平衡机一般由驱动装置、转轴与支承装置、显示与控制装置、制动装置、机箱和车轮防护罩等组成。驱动装置一般由电动机、传动机构等组成，可驱动转轴旋转。转轴由两个滚动轴承支承，每个轴承均有一能将动反力变为电信号的传感器。转轴的外端通过锥体和大螺距螺母等固装被测车轮。驱动装置、转轴与支承装置等均装在机箱内。车轮防护罩可防止车轮旋转时其上的平衡块或花纹内夹杂物飞出伤人，制动装置可使车轮停转。

四、轮胎动平衡的检测

1. 检查清理被测轮胎

（1）拆卸下所有的平衡块。

（2）清除轮胎上所有异物，如图 4-32 所示。

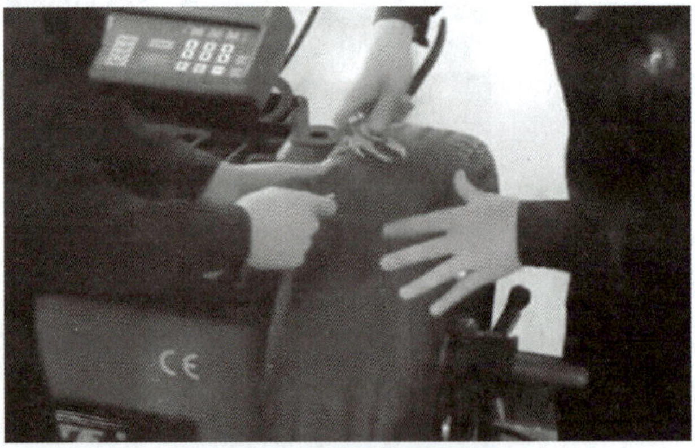

图 4-32 清除轮胎上所有异物

（3）检查轮胎花纹深度、检查轮胎表面无异常磨损、检查轮辋和轮盘不得有任何变形和破损。

（4）使用胎压表检查轮胎胎压，如图 4-33 所示，若轮胎气压不

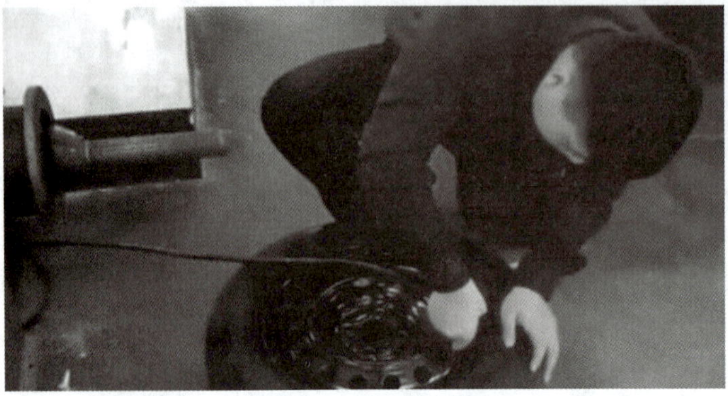

图 4-33 胎压检测

足，应及时补充至规定压力。

2. 轮胎安装

（1）根据车轮轮毂中心孔的大小正确选择合适适配器。

（2）使用快速安装方法安装车轮轮胎总成，如图 4-34 所示。

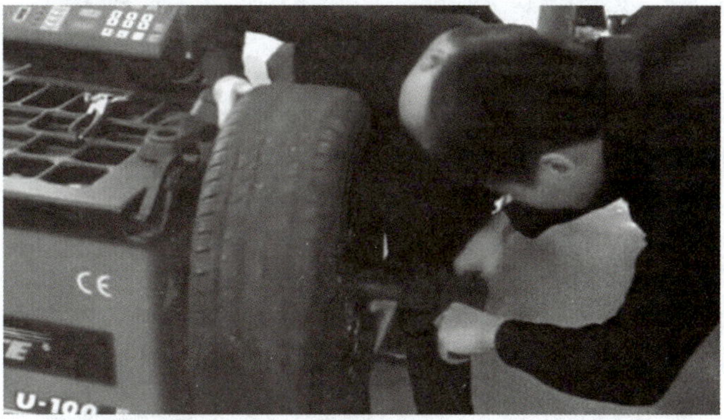

图 4-34 轮胎快速安装

3. 测试方法

根据轮辋形式，选择正确的测试方法。

4. 采集输入数据

采集轮辋边缘到测试机边缘的距离，并将数据输入平衡机，如图 4-35 所示。

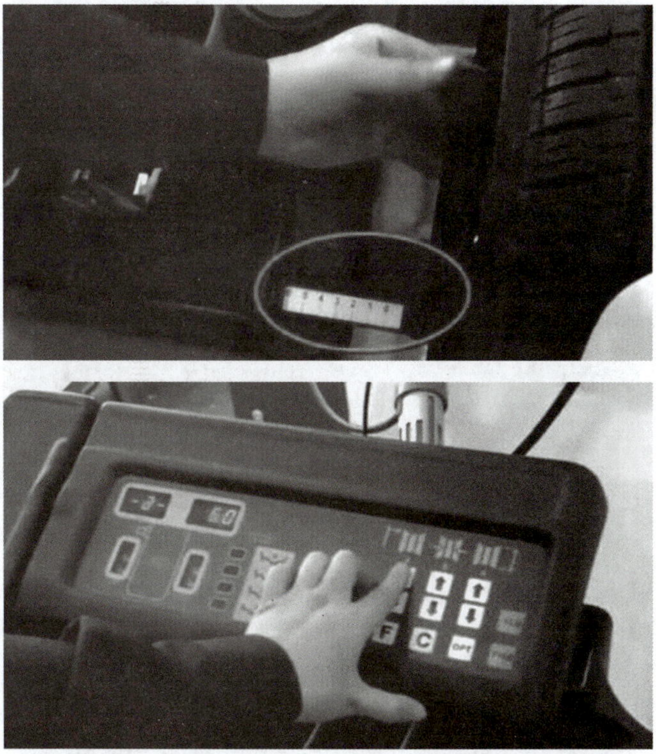

图 4-35 采集和输入轮辋边缘到测试机边缘的距离

采集轮胎断面宽度，并将数据输入平衡机，如图 4-36 所示。

图 4-36　采集和输入轮胎断面宽度

从轮胎外侧面读取轮辋的高度，并将读取的数据输入平衡机，如图 4-37 所示。

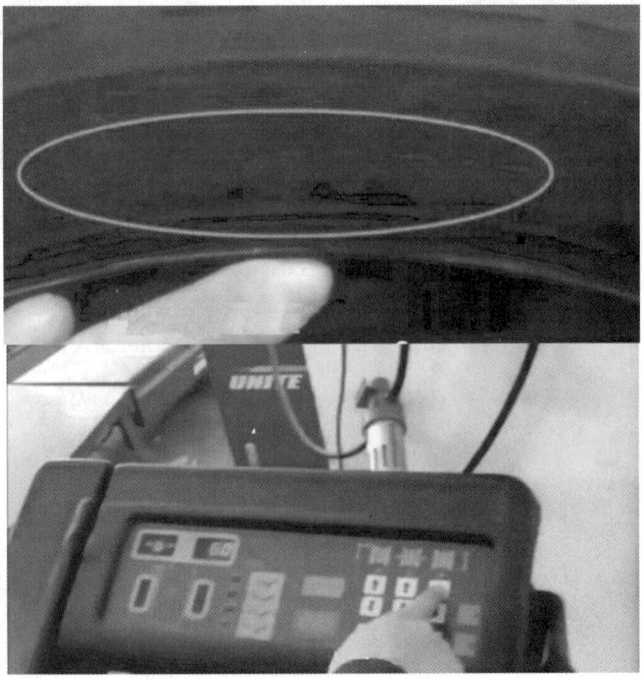

图 4-37　采集和输入轮辋的高度

5. 开始测量

按下 TEST 按键开始测量，如图 4-38 所示。

图 4-38　轮胎动不平衡质量检测

【注意】

无关人员远离平衡机外侧面，防止在轮胎在旋转过程中飞出，对人员造成伤害。

6. 读取不平衡量

平衡机测量出数据自动停止，读取轮胎内、外侧不平衡质量，如图 4-39 所示。

图 4-39　轮胎动不平衡质量读取

7. 不平衡量调整

将轮胎旋转至平衡机一侧位置灯全亮，在全亮这一侧的轮辋最高点（12 点方向）敲入相应克数的平衡块，如图 4-40 所示，另一侧也是如此。

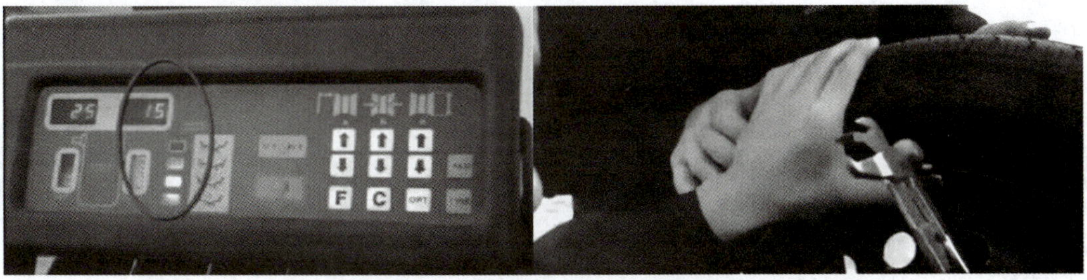

图 4-40　轮胎动不平衡质量调整

8. 车轮动平衡复测

如图 4-41 所示，根据查阅维修手册，确定该车轮胎动平衡最大失衡为 8g。

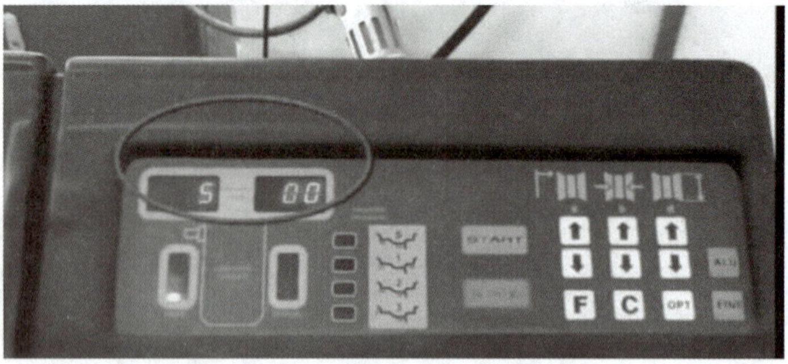

图 4-41　轮胎动不平衡质量确定

9. 取下车轮

10. 场地 6S

（1）整理工量具。

（2）清洁实训场地防护。

【警示】

1. 严禁违规操作举升机。
2. 为保证教学安全性，严禁在车辆行驶的条件下进行任何测试。

任务工单　纯电动汽车车轮轮胎总成动平衡检测

学院		专业	
姓名		学号	
小组成员		组长姓名	
知识重点			
解释轮胎规格：195/45R15 91H 的含义			
任务方案			
请各小组根据教材、维修手册、在线课程的示范操作视频，以小组为单位，自主探究具体实训任务方案，完成最终方案，并上传至网络学习平台 **一、制订初拟实训任务方案** 根据纯电动汽车车轮轮胎总成动平衡检测任务要求，制订纯电动汽车车轮轮胎总成动平衡检测计划			

制订纯电动汽车车轮轮胎总成动平衡检测初拟方案		
序号	作业项目	操作要点
计划审核	审核意见： 年 月 日 签字：	

二、根据任务计划完成小组分工

操作人员		安全员	
记录员		审核员	

仪器设备、工具、耗材			
序号	名称	数量	检查是否正常
1			□是□否
2			□是□否
3			□是□否
4			□是□否
5			□是□否
6			□是□否
7			□是□否
8			□是□否
9			□是□否
10			□是□否

三、制订最终实训任务方案

根据纯电动汽车车轮轮胎总成动平衡检测任务要求，制订纯电动汽车车轮轮胎总成动平衡检测计划

完善纯电动汽车车轮轮胎总成动平衡检测最终方案		
序号	作业项目	操作要点
计划审核	审核意见： 年 月 日 签字：	

任务实施

一、前期准备(5 分)

实训内容	操作要求
个人安全防护(3 分)	
车辆防护(2 分)	

二、车轮轮胎总成动平衡检测(55 分)

实训内容	操作要求	结果判定	判定选项
1. 检查清理被测轮胎(5 分)	拆卸下所有的平衡块	结果判定	□正常 □损坏
	清除轮胎上所有异物		
	测量轮胎花纹深度为________		
	检查轮胎表面(□是□否)有异常磨损		
	检查轮辋和轮盘(□是□否)有任何变形和破损		
	使用胎压表检查轮胎胎压		
2. 轮胎安装(10 分)	根据车轮轮毂中心孔的大小正确选择合适适配器	结果判定	□正常 □损坏
	使用快速安装方法安装车轮轮胎总成		
3. 选择测试方法(5 分)	根据轮辋形式,选择正确的测试方法	结果判定	□正常 □损坏
4. 采集输入数据(15 分)	采集轮辋边缘到测试机边缘的距离为________,采集轮胎断面宽度为________,从轮胎外侧面读取轮辋的高度为________	结果判定	□正常 □损坏
	按下 TEST 按键开始测量		
	平衡机测量出数据自动停止,读取轮胎内、外侧不平衡量为: 内侧不平衡质量:________ 外侧不平衡质量:________		
5. 不平衡量调整(10 分)	将轮胎旋转至平衡机一侧位置灯全量,在全亮这一侧的轮辋最高点(12 点方向)敲入相应克数的平衡块,添加内侧平衡块为:________ g;外侧平衡块为:________ g	结果判定	□正常 □损坏
6. 车轮动平衡复测(10 分)	按下开始 TEST 按键开始测量	结果判定	□正常 □损坏
	2 人配合,安全规范地将车辆降低至地面		
	读取轮胎内、外侧不平衡量为:内侧不平衡质量:______ g;外侧不平衡质量:______ g;轮胎动平衡最大失衡为 8g		
	取下车轮轮胎总成,关闭平衡机电源		

三、实训场地 6S(5 分)

实训内容	操作要求
场地 6S	按照 6S 管理标准,整理工具和场地

任务检查

实训指导老师跟踪实训过程，检查实训结果，并结合整个实训过程给出改进措施及建议

序号	评价指标	评价结果
1	个人安全防护	
2	车辆安全防护	
3	检查清理被测轮胎	
4	轮胎安装	
5	选择测试方法	
6	采集输入数据	
7	不平衡量调整	
8	车轮动平衡复测	
9	场地6S	
意见和建议		
综合评价		

任务评价

结合自己在实训过程中的表现，进行自我评价及自我反思

一、自我评价

____

____

____

____

二、自我反思

____

____

____

____

实训成绩单

项目	评分标准	分值	小组自评分数（30%）	教师评价分数（70%）	综合分数
任务方案（20分）	制订纯电动汽车车轮轮胎总成动平衡检测方案	10			
	能协同小组人员安排任务分工	5			
	能在实施前准备好所需要的工具器材	5			
任务实施（65分）	个人安全防护	3			
	车辆安全防护	2			
	检查清理被测轮胎	5			

项目	评分标准	分值	小组自评分数（30%）	教师评价分数（70%）	综合分数
任务实施（65分）	轮胎安装	10			
	选择测试方法	5			
	采集输入数据	15			
	不平衡量调整	10			
	车轮动平衡复测	10			
	场地 6S	5			
注意：若出现安全违规操作，任务实施过程分值为 0					
任务检查（10分）	学生任务完成，操作过程规范	10			
学生任务评价（5分）	学生能对自身表现情况进行客观评价	2			
	学生在任务实施过程中发现自身问题	3			
得分（满分 100）					

任务四　纯电动汽车制动液的检查与更换

教学课件

纯电动汽车制动液的检查与更换

任务目标

素质目标：

1. 培养学生节能环保的职业习惯；
2. 培养学生技术创新的职业精神。

知识目标：

1. 归纳纯电动汽车制动液的选用和更换依据；
2. 归纳纯电动汽车液压制动系统检查项目。

技能目标：

1. 制订纯电动汽车制动液更换的方案；
2. 能够安全规范地完成纯电动汽车制动液的更换。

任务描述

纯电动汽车吉利帝豪 EV450 已经行驶了 43800km，现在需做保养，维修技师根据车辆维护保养手册的规定，需要对液压制动系统做检查保养。那么，液压制动系统检查保养的内容有哪些？如何制订液压制动系统检查保养的方案？如何安全规范地进行液压制动系统检查保养？

知识储备

一、液压制动系统

1. 液压制动系统的功能

汽车制动系统是保证汽车动力性能发挥和行车安全性的最基本的系统，通常必须具备在行车过程中及时减速或停车、下长坡时具有稳定车速、对已停止行驶的车辆维持停放状态等制动性能。

汽车制动系统一般由制动传动装置和车轮制动器两部分组成。

2. 液压制动系统的组成

液压制动系统的组成包括：制动踏板、制动踏板推杆、真空助力器、电动真空泵、制动软管、制动总泵、制动系统故障指示灯等，如图 4-42 所示。

来自制动踏板的机械力由总泵转换为油液压力，经过液压电子控制单元的调整后，通过制动硬管和软管输送到制动分泵，制动分泵再将油液压力转换成机械力，从而使制动衬块压紧制动盘，进行车辆的制动。

图 4-42　纯电动汽车制动系统结构图

1—真空助力器　2—制动主缸　3—液压电子控制单元（ESC 系统）　4—制动硬管　5—制动软管　6—电动真空泵

二、制动液的作用

教学视频

制动液的基础知识

1. 制动液的作用

制动液又名刹车液、刹车油，是用于汽车液压制动系统中传递压力，使车轮制动器实现制动作用的一种功能性液体。

在液压制动系统中，能使各种类型的汽车在酷暑或者严寒的季节以及高速、重负荷、大功率、频繁制动的条件下，保持灵活、有效、可靠及安全行驶。因此要求制动液具有以下特性。

（1）干、湿沸点高。

① 干沸点。干沸点指平衡回流沸点，是指制动液在测定条件下开始沸腾的温度。它是评价制动液高温抗气阻性能的指标，也是决定汽车在高温条件下制动可靠和质量等级的指标，该温度越搞，其制动液的高温性能越好，不易产生气阻，制动就越安全可靠。

在制动液标准规格中都对平衡回流沸点做了规定。现代刹车系统，由于汽车平均速度的增加及密闭式车轮设计导致空气流动不好，使刹车油要承受较高的温度，因此，刹车油的沸点要高，以防止刹车油因汽化产生气阻，使刹车失灵。

② 湿沸点。在使用过程中，制动液会不可避免地吸收水分，吸入水分后制动液的平衡回流沸点和气阻温度都会降低，影响制动液的使用性能。为评定制动液吸水后平衡回流沸点的变化情况，即用湿平衡回流沸点进行控制，是指在制动液的使用中按一定的方法增湿后测得该溶液的平衡回流沸点，该沸点与平衡回流沸点越接近，表示制动液在潮湿条件下使用的可靠性越高，越不易产生气阻。

（2）运动黏度。

要求制动液在低温（−40℃）具有一定的流动性，在高温（100℃）具有一定的黏度。温度越低，黏度越高，管路中的黏滞阻力越大，制动踏板越难踩。当黏度高到一定值时，会影响 ABS 和 ESP 的响应速度。温度越高，黏度越低。但要求制动过程中，在活塞和轮缸之间形成一层油膜，减少磨损，因此要求具有一定的高温黏度。

性能取向的制动液，一般高温黏度较高。

（3）良好的防腐蚀性。

对制动器各种金属零部件具有较好的防腐蚀性。随着制动液使用时间的增长，制动液中的醇醚及多元醇会随着使用时高温下氧化产生的酸性物质，不断降低刹车油的 pH 值，使刹车油呈酸性，大大增加了化学腐蚀的风险。

化学腐蚀会使制动泵中的活塞和缸壁间隙增大，产生泄漏，导致压力降低，制动失灵，制动液对金属腐蚀后产生沉淀物，使制动液变脏，容易造成制动系统分配阀堵塞，引发制动故障，特别是 ABS 制动系统。

（4）良好的抗气阻性。

在制动过程中，由于摩擦发热，摩擦片温度高达 500℃。其热量有一部分传递给制动液，使其工作温度达到 70～90℃，在下长坡等路况行驶，需频繁制动时，其工作温度可到达 110℃，大型载货汽车的制动液，工作温度可高达 150℃。此时制动液会汽化，产生气阻现象，即踩下制动踏板，首先压缩的是制动液蒸气，因此无法传递制动力。

2. 制动液的分类

目前常用的分类方法参照以下标准：

（1）美国联邦政府运输安全部（DOT，department of transportation）制定的联邦机动车辆安全标准（FMVSS ）是世界公认的车制动液规格的通用标准。

（2）美国汽车工程学会（SAE）标准。

（3）国际标准化组织标准 ISO 4925—1978《机动车制动液》。

目前，西欧、美国等发达国家的制动液仍执行 FMVSS NO116 DOT4 和 DOT3 标准，我国制动液也是参照这一标准进行分级。

国际上以 DOT 来分类，目前常见的有 DOT3、DOT4、DOT5、DOT5.1，其数字越大，级别越高。DOT5 用于赛车，DOT3 与 DOT4 的不同之处主要在于沸点不同，DOT4 比 DOT3 更耐高温。制动液的性能指标如表 4-4 所示。

国产制动液根据平衡回流沸点分为 JG0、JG1、JG2、JG3、JG4、JG5 六个质量等级，序号越大平衡回流沸点越高，高温抗气阻性越好，行车制动安全性越好。我国新标准中还将制动液分为 HZY3、HZY4 和 HZY5，分别对应 DOT3、DOT4、DOT5。

3. 制动液的更换周期

制动液具有一定的吸水性，水分越多，沸点越低，为了保障行车安全，制动液应定期更换。制动液的含水率是判断制动液是否需要更换的主要依据，一般情况下，更换周期为两年或四万公里。

表 4-4　　制动液分类及性能

平衡回流沸点	类别	沸点值
干沸点	DOT3	≥205℃
	DOT4	≥230℃
	DOT5	≥270℃
湿沸点	DOT3	≥140℃
	DOT4	≥155℃
	DOT5	≥190℃

4. 制动液的选用

根据车辆维修手册规定的牌号，同时结合车辆具体的使用工况选用合适的制动液。

三、制动液的检查与更换

1. 制动液液的检查

（1）制动液的液位检查。查看制动液储液罐液面，检查液面位置是否保持在 MAX 和 MIN 线之间，如图 4-43 所示，若低于标准液位，应及时向储液罐加注制动液至 MAX 线。

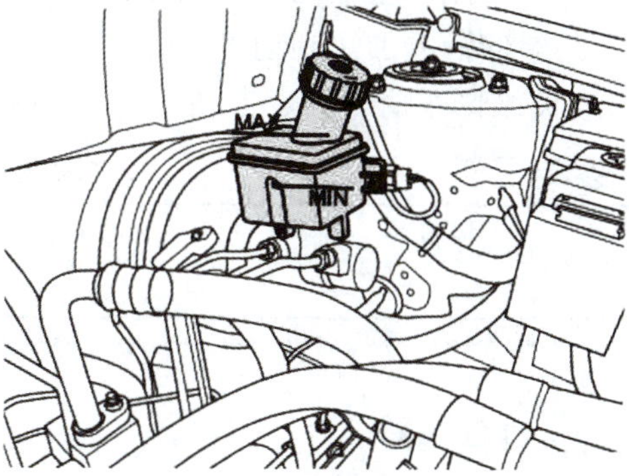

图 4-43　制动液的液位检查

（2）拧开加注口盖，查看制动液颜色是否浑浊。

【注意】

如果制动液颜色浑浊，则应更换。

2. 制动液含水率的检测（图 4-44）

（1）打开制动液储液罐。

（2）制动液含水率测试仪功能检测。

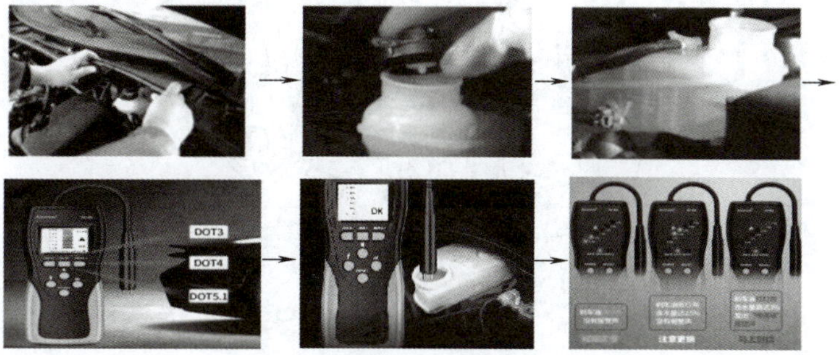

图 4-44　制动液含水率的检测

（3）制动液含水率测量。

（4）读取制动液含水率数值。

若制动液含水率过高，应及时更换制动液。

【注意】

若绿色指示灯亮，说明含水率在标准范围内，不需更换制动液；若黄色指示灯亮，说明含水率超过2.5%，建议更换制动液；若红色指示灯亮，同时伴随“滴滴滴”警报声，说明含水率超过3%，必须及时更换制动液。

3. 制动液的更换

（1）加注制动液。

① 拆下制动主缸储液罐加注口盖。

② 给储液罐加注制动液。

查阅维修手册，确定吉利帝豪 EV450 制动液规格如表 4-5 所示。

表 4-5　吉利帝豪 EV450 制动液规格

应用	油液容量	油液规格
制动液	445mL±20mL	符合 DOT4

【注意】

1. 不要从制动主缸储液罐拆下滤清器且务必加注新的制动液，以免制动系统造成潜在污染。尘埃微粒或矿物油等污染物可能导致制动功能失常。

2. 确保储液罐内有充足的制动液。

（2）排放制动液。

① 举升机举升车辆。

② 旋松放气螺母，将排放管连接到放气螺母上，如图 4-45 所示。

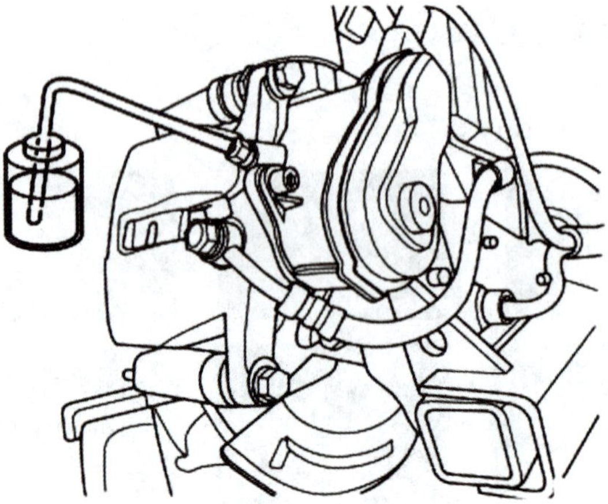

图 4-45　排放制动液①

③ 踩下制动踏板数次，如图 4-46 所示，然后踩住制动踏板的同时松开放气螺母。

④ 制动液不再溢出时，紧固放气螺母，然后松开制动踏板。

⑤ 重复步骤③～④，直到流出新的制动液。

⑥ 完全紧固放气螺母。

⑦ 重复以上步骤以更换各车轮制动管路中的制动液。

查阅维修手册，确定制动液排放螺栓固定扭矩。前轮制动器：11.5N·m；后轮制动器：11.5N·m。

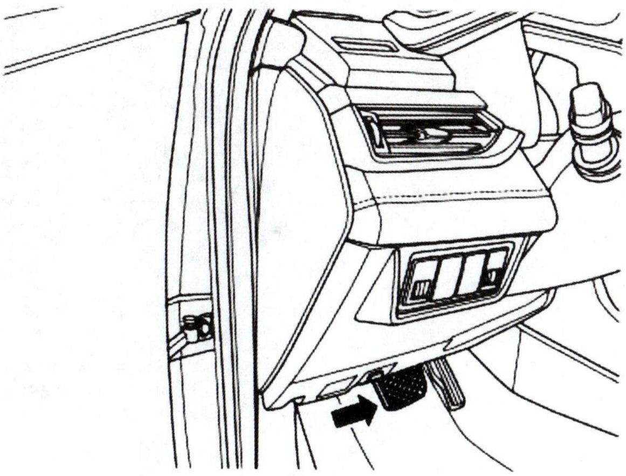

图 4-46　排放制动液②

【注意】

1. 首先在离主缸最远的车轮处对制动管路进行排放，按左前、左后、右前顺序排放制动液。

2. 排放制动液的同时，加注制动液，以使液位保持在储液罐的 MIN 和 MAX 线之间。

4. 制动系统排空

(1) 主缸排空。

如果制动液耗尽，则需要对主缸总成进行排空。

① 使用连接螺母扳手，从制动主缸总成上断开两个制动管路，如图 4-47 所示。

图 4-47　断开两个制动管路

② 慢慢踩下制动踏板并保持住，如图 4-48 所示。

③ 用手指堵住两个外孔，并松开制动踏板，如图 4-49 所示。

④ 重复步骤②～③，3～4 次。

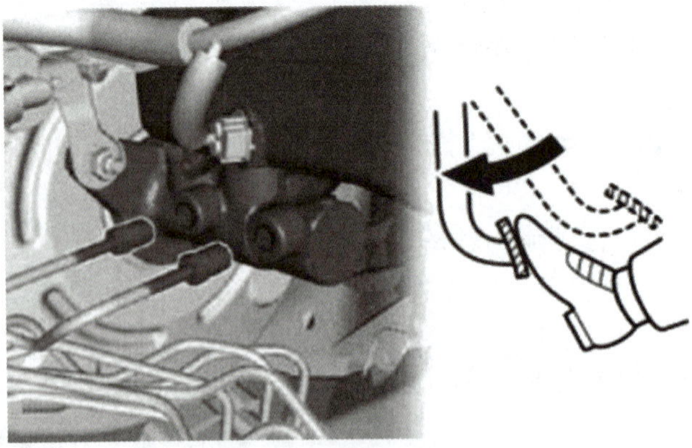

图 4-48　踩下制动踏板

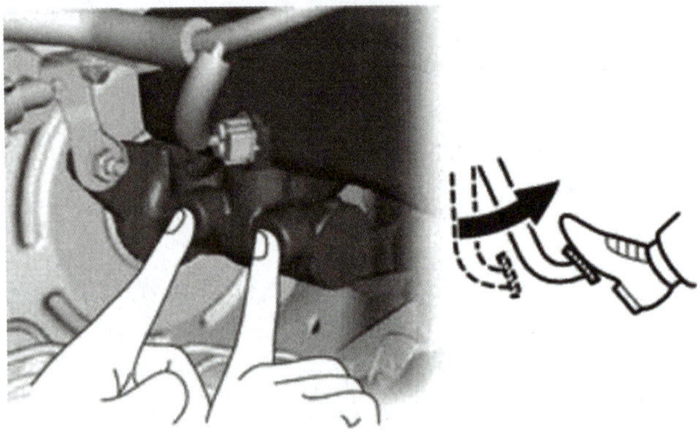

图 4-49　松开制动踏板

⑤ 使用连接螺母扳手，将两个制动管路连接到制动主缸总成上，并用扭力扳手施加标准扭矩。查阅维修手册，螺母标准扭矩：15.2N·m。

【注意】

1. 不要扭曲制动管路。
2. 紧固制动管路时，不要使其干扰其他零件或车身。
3. 不要让任何异物从连接部位进入制动管路。

（2）制动管路的排空。

① 将排放管连接到放气螺母上。

② 踩下制动踏板数次，然后踩住制动踏板的同时松开放气螺母。

③ 制动液中不再溢出时，紧固放气螺母，然后松开制动踏板。

④ 重复步骤②～③，直到制动液中的空气完全放出。

⑤ 完全紧固放气螺母，并用扭力扳手施加标准扭矩，查阅维修手册，螺母标准扭矩：前轮制动器：8.3N·m；后轮制动器：10N·m。

⑥ 重复以上步骤以更换各车轮制动管路中的制动液。

【注意】

1. 首先在离主缸最远的车轮处对制动管路进行排放。
2. 排气的同时，加注制动液，以使液位保持在储液罐的 MIN 和 MAX 线之间。

⑦ 使用举升机将车辆降落至地面。

5. 场地 6S

（1）整理工量具。

（2）清洁实训场地防护。

【警示】

1. 严禁违规操作举升机。
2. 严禁随意倾倒废旧的制动液。
3. 为保证教学安全性，严禁在车辆行驶的条件下进行任何测试。

任务工单　纯电动汽车制动液的检查与更换

学院		专业	
姓名		学号	
小组成员		组长姓名	
知识重点			
1. 汽车制动系统一般都有____________和车轮制动器两部分组成 2. 液压制动系统的组成包括制动踏板、制动踏板推杆、____________、____________、真空软管、____________、制动系统故障指示灯组成 3. 简述纯电动汽车液压制动系统对制动液的特性要求 4. 简述更换制动液的依据以及制动液的更换周期 5. 简述制动液的选用原则			

任务方案

请各小组根据教材、维修手册、在线课程的示范操作视频，以小组为单位，自主探究具体实训任务方案，完成最终方案，并上传至网络学习平台

一、制订初拟实训任务方案

根据纯电动汽车制动液的检查与更换任务要求，制订纯电动汽车制动液的检查与更换计划

制订纯电动汽车制动液的检查与更换初拟方案		
序号	作业项目	操作要点
计划审核	审核意见： 签字：	年　月　日

二、根据任务计划完成小组分工

操作人员		安全员	
记录员		审核员	
仪器设备、工具、耗材			
序号	名称	数量	检查是否正常
1			□是□否
2			□是□否
3			□是□否
4			□是□否
5			□是□否
6			□是□否
7			□是□否
8			□是□否
9			□是□否
10			□是□否

三、制订最终实训任务方案

根据纯电动汽车制动液的检查与更换任务要求，制订纯电动汽车制动液的检查与更换计划

完善纯电动汽车制动液的检查与更换最终方案		
序号	作业项目	操作要点
计划审核	审核意见： 年　月　日 签字：	

任务实施

一、前期准备(5 分)			
实训内容	操作要求		
个人安全防护 (3 分)			
车辆防护 (2 分)			
二、制动液的检查(55 分)			
1. 制动液的液位检查(10 分)	查看制动液储液罐液面，检查液面位置(□是□否)保持在 MAX 和 MIN 之间，若低于标准液位，及时向储液罐加注制动液至 MAX 线	结果判定	□正常 □损坏
	拧开加注口盖，查看制动液颜色(□是□否)浑浊		

2. 制动液含水率的检测(10 分)	打开制动液储液罐根据车轮轮毂中心孔的大小正确选择合适适配器	结果判定	□正常 □损坏
	制动液含水率测试仪功能检测		
	制动液含水率测量，读取制动液含水率数值为________，判断(□是□否)需要更换		
3. 加注制动液(10 分)	拆下制动主缸储液罐加注口盖	结果判定	□正常 □损坏
	给储液罐加注制动液，查阅维修手册，确定吉利帝豪 EV450 制动液规格为：________		
	平衡机测量出数据自动停止，读取轮胎内、外侧不平衡量为： 内侧不平衡质量：________ 外侧不平衡质量：________		
4. 排放制动液(15 分)	举升机举升车辆	结果判定	□正常 □损坏
	旋松放气螺母，将排放管连接到放气螺母上		
	踩下制动踏板数次，然后踩住制动踏板的同时松开放气螺母		
	制动液不再溢出时，紧固放气螺母，然后松开制动踏板，重复步骤，直到流出新的制动液		
	完全紧固放气螺母		
	重复以上步骤以更换各车轮制动管路中的制动液		
5. 制动管路的排空(10 分)	将排放管连接到放气螺母上	结果判定	□正常 □损坏
	踩下制动踏板数次，然后踩住制动踏板的同时松开放气螺母		
	制动液中不再溢出时，紧固放气螺母，然后松开制动踏板		
	重复步骤，直到制动液中的空气完全放出		
	完全紧固放气螺母，并用扭力扳手施加标准扭矩，查阅维修手册中螺母标准扭矩 前轮制动器：________；后轮制动器：________		
	重复以上步骤以更换各车轮制动管路中的制动液		
	使用举升机将车辆降落至地面		
三、实训场地 6S(5 分)			
场地 6S	按照 6S 管理标准，整理工具和场地		

任务检查

实训指导老师跟踪实训过程，检查实训结果，并结合整个实训过程给出改进措施及建议

序号	评价指标	评价结果
1	个人安全防护	
2	车辆安全防护	
3	制动液的液位检查	
4	制动液含水率的检测	
5	加注制动液	
6	排放制动液	
7	制动管路的排空	
8	场地 6S	
意见和建议		
综合评价		

任务评价

结合自己在实训过程中的表现，进行自我评价及自我反思

一、自我评价

____

____

____

____

二、自我反思

____

____

____

____

实训成绩单

项目	评分标准	分值	小组自评分数（30%）	教师评价分数（70%）	综合分数
任务方案（20 分）	制订纯电动汽车制动液检查与更换方案	10			
	能协同小组人员安排任务分工	5			
	能在实施前准备好所需要的工具器材	5			
任务实施（65 分）	个人安全防护	3			
	车辆安全防护	2			
	制动液的液位检查	10			
	制动液含水率的检测	10			
	加注制动液	10			
	排放制动液	15			
	制动管路的排空	10			
	场地 6S	5			
注意：若出现安全违规操作，任务实施过程分值为 0					
任务检查（10 分）	学生任务完成，操作过程规范	10			
学生任务评价（5 分）	学生能对自身表现情况进行客观评价	2			
	学生在任务实施过程中发现自身问题	3			
得分（满分 100）					

项目五

纯电动汽车空调系统的维护与保养

本项目选自汽车运用与维修（含新能源汽车）“1＋X”证书制度-新能源汽车电子电气空调舒适系统技术（初级）-新能源汽车空调系统检查保养，通过本项目的学习，学生可以掌握纯电动汽车电动空调制冷系统检查保养、电动汽车暖风系统检查保养所需的职业素质、职业知识和职业技能。

任务一　纯电动汽车电动空调制冷系统检查保养

教学课件

纯电动汽车电动
空调制冷系统
检查保养

任务目标

素质目标：

1. 培养学生节能环保的职业习惯；
2. 培养学生爱岗敬业的职业精神。

知识目标：

1. 归纳制冷组件泄漏的迹象及目视检查方法；
2. 归纳电动压缩机的检查细则及流程。

技能目标：

1. 能够从维修手册或车辆标签中找出制冷剂型号和加注量；
2. 能够安全规范地使用完成纯电动汽车电动空调制冷系统检查保养。

任务描述

纯电动汽车吉利帝豪 EV450 已经行驶了 43900km，现在需做保养，维修技师根据车辆维护保养手册的规定，需要对纯电动汽车电动空调系统做检查保养。那么，纯电动汽车电动空调制冷系统检查保养的内容有哪些？如何制订纯电动汽车电动空调系统检查保养的方案？如何安全规范地进行纯电动汽车电动空调制冷系统检查保养？

知识储备

教学视频

新能源汽车
空调制冷系统

一、纯电动汽车电动空调制冷系统

纯电动汽车空调系统主要由制冷系统、暖风系统及送风系统三部分组成。以纯电动汽车吉利帝豪 EV450 为例，空调系统在整车上的具体布置位置如图 5-1 所示，空调箱总成结构如图 5-2 所示。

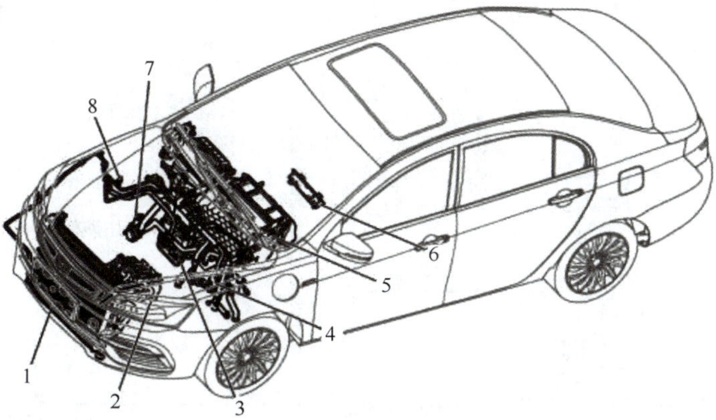

图 5-1　纯电动汽车空调系统

1—冷凝器　2—空调压缩机　3—PTC 加热器　4—热交换器总成　5—空调箱总成
6—空调控制面板　7—PTC 电动水泵　8—空调压力开关

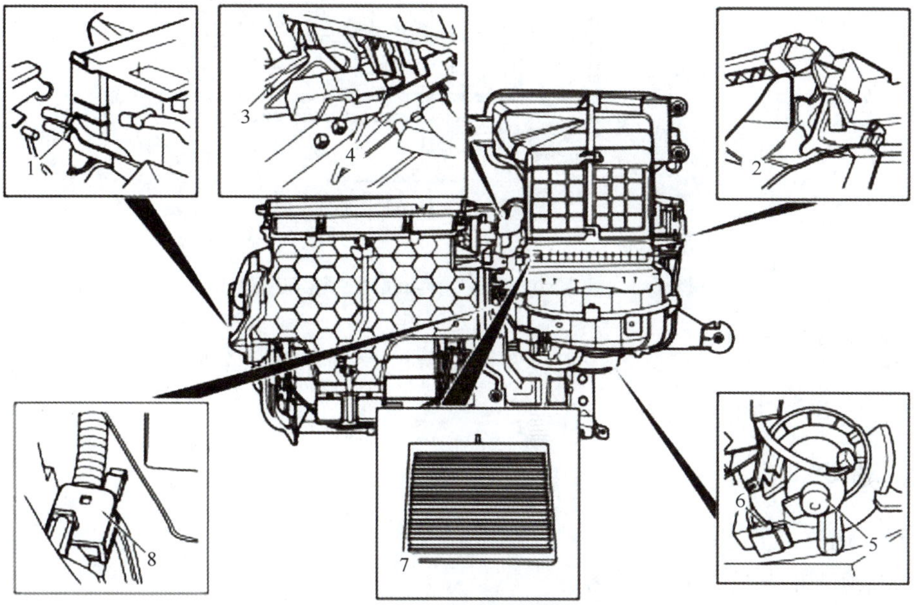

图 5-2　纯电动汽车空调箱总成结构

1—加热器芯进出水管　2—内外循环控制电机　3—冷暖风向控制电机　4—膨胀阀
5—鼓风机　6—鼓风机调速模块　7—空调滤芯　8—室内温度传感器

- **纯电动汽车空调制冷系统**

纯电动汽车空调系统中的制冷系统主要由电动压缩机、冷凝器、压力开关、储液干燥器、膨胀阀和蒸发器等组成，具体结构组成如图 5-3 所示。

压缩机受高压电驱动，当压缩机工作时，压缩机吸入从蒸发器出来的低温低压的气态制冷剂，经压缩，制冷剂的温度和压力升高，并被送入冷凝器。在冷凝器内，高温高压的气态制冷剂把热量传递给经过冷凝器的车外空气而液化，变成液体。液态制冷剂流经膨胀阀时，温度和压力降低，并进入蒸发器。在蒸发器内，低温低压的液态制冷剂吸收经过蒸发器的车内空气的热量而蒸发，变成气体。气体又被压缩机吸入进行下一轮循环。这样，

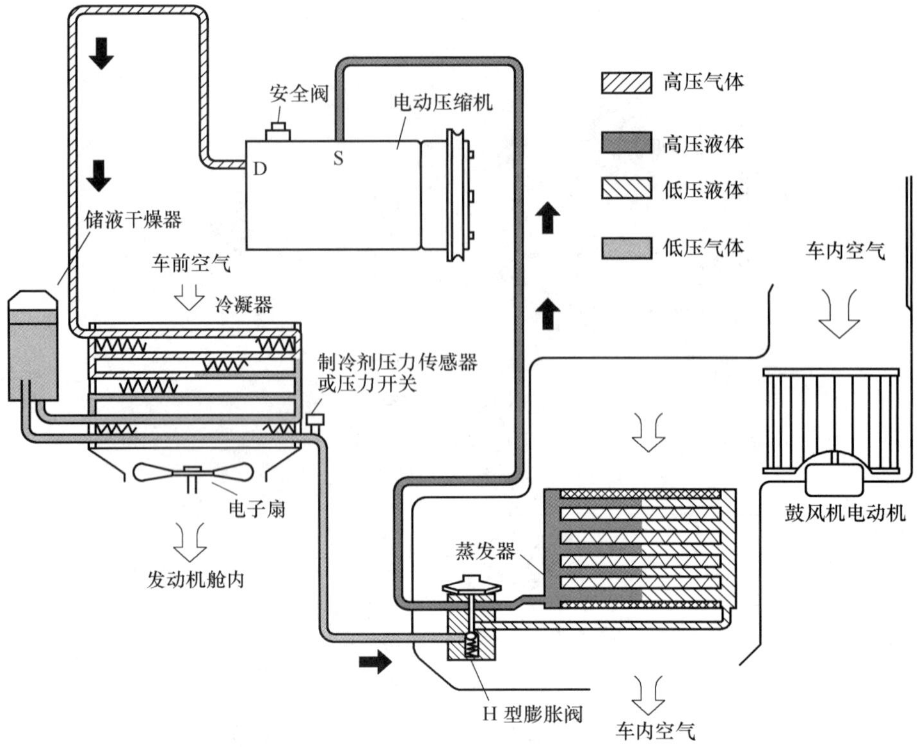

图 5-3　纯电动汽车空调电动制冷系统的组成

通过制冷剂在系统内的循环，不断吸收车内空气的热量并排到车外空气中，使车内空气的温度逐渐下降。

二、制冷剂

1. 制冷剂性能要求

（1）制冷剂能与冷冻机油互溶。

（2）制冷剂不易燃烧、不易爆炸，无毒、无刺激性，对金属和密封件无腐蚀作用。

（3）在蒸发器内易蒸发，蒸发温度低。

（4）冷凝压力不宜太高。

（5）制冷剂在高温下不容易分解，化学性能稳定。

2. R134a（四氟乙烷）的主要特性

（1）良好的热物理性。

（2）传热性能好。

（3）良好的相容性。

（4）分子直径比 R12（氟利昂 12）略小，易通过橡胶向外泄漏，也较易被分子筛吸收。

（5）吸水性和水溶解性高。

【注意】

1. 装制冷剂的钢瓶，应贮存在阴凉、干燥、通风的库房中，在运输过程中要严防震动和撞击。

2. 要远离热源，不要把它存放在日光直射的场所或炉子附近。

3. 避免接触皮肤。

4. 要避开明火。

5. 要注意通风良好。

3. 冷冻机油

车用空调压缩机使用的润滑油称为冷冻机油，除润滑作用外，还能起到密封、冷却、降噪等作用。性能要求：凝点低、有一定黏度、溶解性好、闪点温度高、无水分等。

【注意】

1. 须严格使用原车空调压缩机所规定的冷冻机油牌号，否则会损坏压缩机。

2. 在加注或更换冷冻机油时，操作必须迅速，不得有渗透现象。

3. 不能使用变质的冷冻机油。

4. 冷冻油只允许加到规定的用量。

5. 在排放制冷剂时要缓缓进行，以免冷冻机油和制冷剂一起喷出。

4. 空调制冷剂型号和加注量

以吉利帝豪 EV450 为例，查阅车辆维修手册或是前机舱盖上张贴的铭牌，确定制冷剂型号和加注量如表 5-1 所示。

表 5-1　　吉利帝豪 EV450 空调制冷剂型号和加注量

应用	油液容量	油液规格
空调制冷剂	550g	R134a

三、制冷系统的检查保养

1. 制冷系统的外观检查

(1) 检查空调制冷系统各管路接头处是否有油污及灰尘，若有油污灰尘则有可能泄漏，若有泄漏则维修或更换，如图 5-4 所示。

(2) 检查冷凝器表面是否有脏污，如图 5-5 所示，若有应及时处理。

(3) 检查低压管路及接口是否有结霜或结冰，如图 5-6 所示，若有结霜则膨胀阀开度过大。

2. 压缩机检查

(1) 检查压缩机有无异响。

① 启动开关置于 ON 位置。

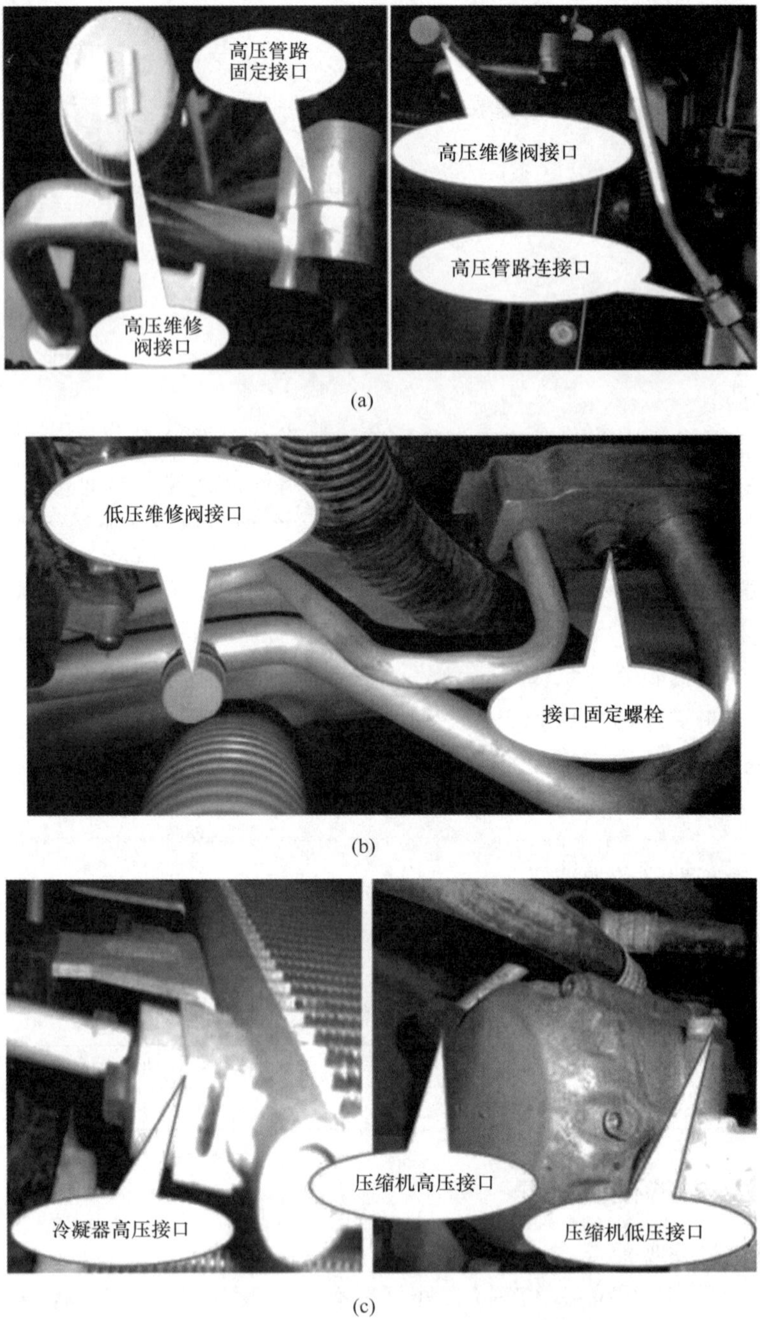

图 5-4　检查各管路接口

（a）检查高压维修阀及高压管路接口　（b）检查低压维修阀及高低压管路接口
（c）检查冷凝器和压缩机管路接口

② 按下空调开关。

③ 将冷热风调节旋钮旋至最大制冷量位置，风量调节旋钮调至最大风量位置。冷热风调节旋钮的风量调节旋钮如图 5-7 所示。

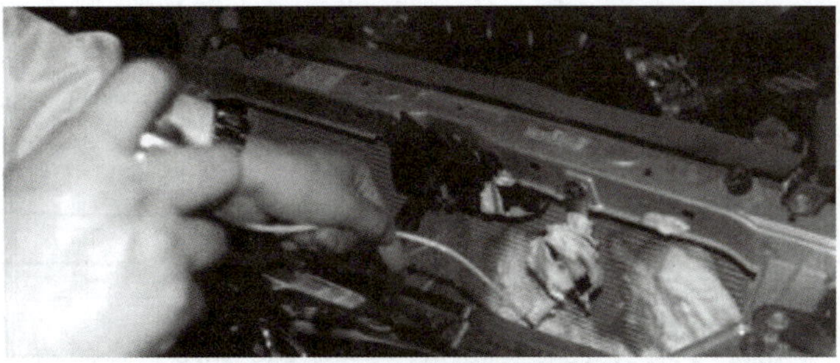

图 5-5　检查冷凝器

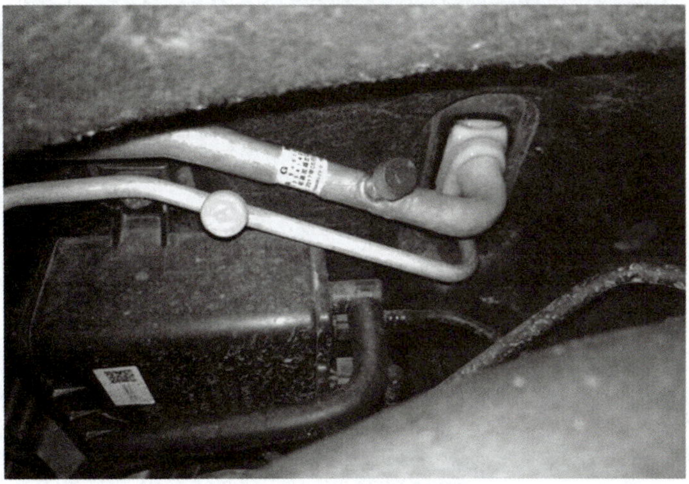

图 5-6　检查低压管路接口

④ 将所有车门打开。

⑤ 举升机举升车辆并穿戴绝缘防护用具。

⑥ 判定压缩机工作声音是否正常，可用听诊器直接放在空调压缩机上听取，若是电机及内部零件有运转及摩擦声音，属正常工作声音。如果压缩机内有金属摩擦的声音，可能是轴承损坏或动、静盘异响，需要修复或更换。如果发现异响应立即关闭空调系统，防止增大损坏程度。

（2）压缩机绝缘检测。

纯电动汽车的空调压缩机控制器属于高压部件，需要检查空调压缩机控制器正负极的绝缘电阻是否正常。压缩机绝缘检测的步骤如下：

① 按照正确规范的下电流程对车辆进行下电操作。

② 拔下高压盒高压附件线束插接器，如图 5-8 所示。

③ 检查绝缘手套的绝缘等级及密封性，佩戴绝缘手套。

④ 高压附件线束插接件 BV33 端子的空调压缩机接口如图 5-9 所示。用绝缘电阻测试仪检测 BV33 端子与车身之间的绝缘电阻，绝缘电阻测试仪的红色鳄鱼夹接 BV33 端子正极（压缩机电源正极 BV33-3），绝缘电阻测试仪的黑色鳄鱼夹接车身，将兆欧表挡位旋至 1000V 挡，测量绝缘电阻，查阅维修手册，BV33 端子正极与车身的绝缘电阻标准值为 ≥200MΩ，如图 5-10 所示。

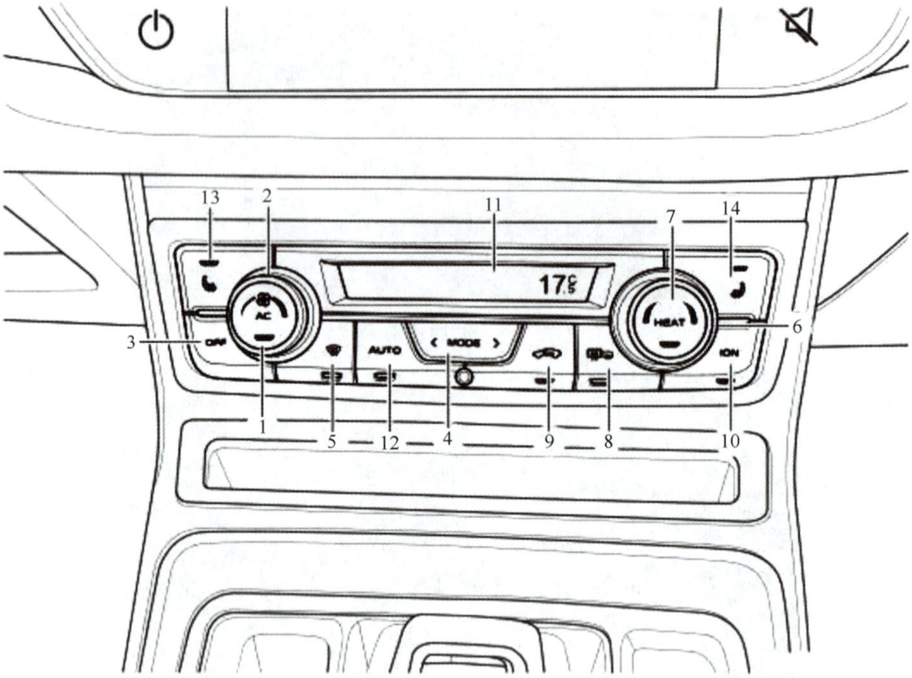

图 5-7 空调风量调节旋钮

1—A/C 按键 2—风量调节旋钮 3—OFF 按键 4—风向调节按键 5—前风窗除霜除雾按键 6—温度调节旋钮 7—加热按键 8—后风窗/外后视镜除霜按键 9—内外循环按键 10—空气净化器按键 11—显示屏 12—AUTO 按键 13—驾驶员座椅加热按键 14—前排乘员侧座椅加热按键

图 5-8 拔下高压盒高压附件线束插接器

3. 检查电路线束

（1）检查电路线束及插接件连接处是否对插到位，有无松动、破损、腐蚀等问题，如图 5-11 所示，若未达到要求则修复或更换。

（2）检查高压线束波纹管有无破损，如图 5-12 所示，若有则修复或更换。

（3）检查插件内插针是否有退针、弯曲等异常现象，如图 5-13 所示，如有则修复或更换。

（4）高压上电。

① 连接直流母线充电机端插接件。

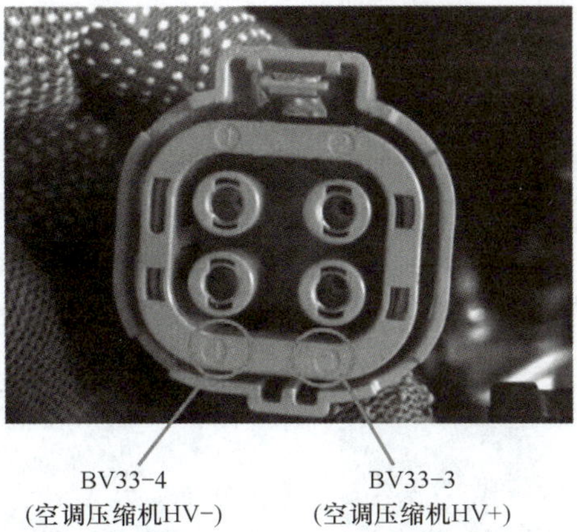

图 5-9　高压附件线束端子

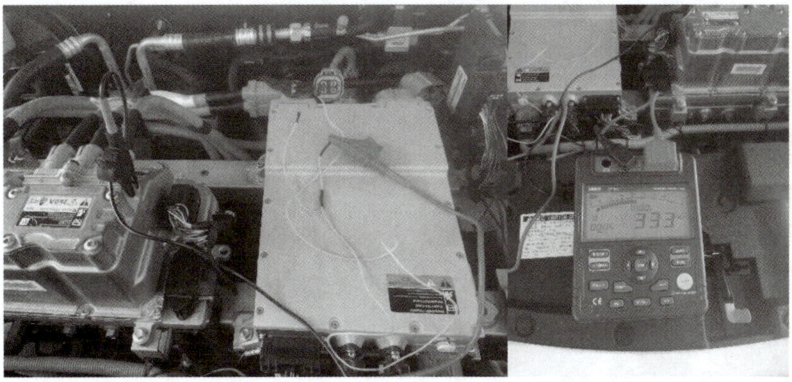

图 5-10　空调压缩机电源正极 BV33-3 的绝缘电阻检测

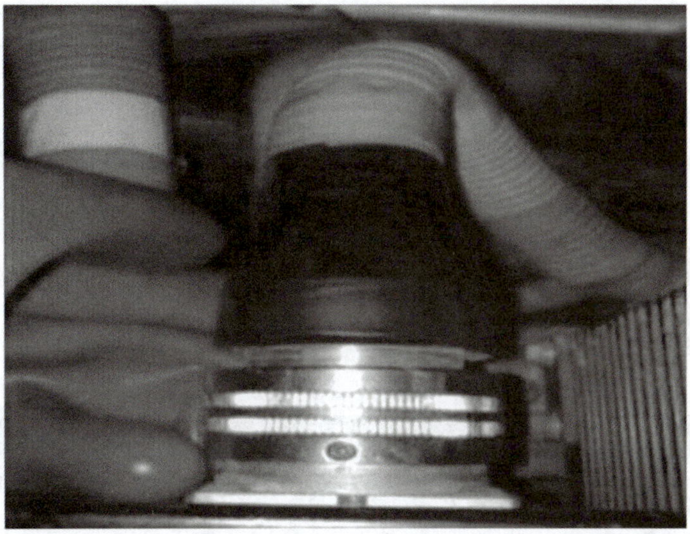

图 5-11　检查低压管路接口

② 连接蓄电池负极电缆，关闭机舱盖。

③ 将车辆置于 ON 挡，显示屏显示 READY 指示灯亮，说明上电已经完成。

（5）场地 6S。

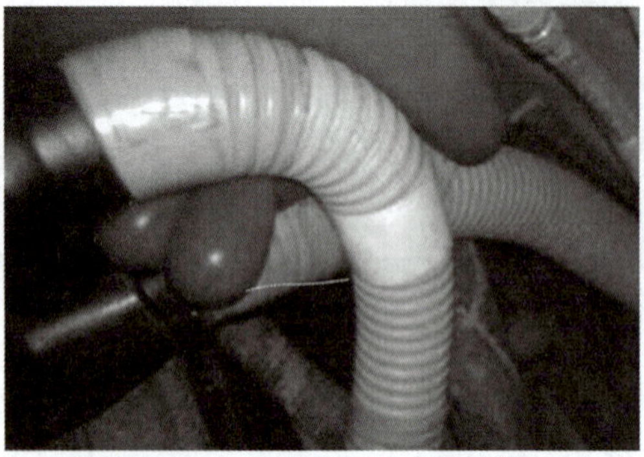

图 5-12　检查高压线束波纹管

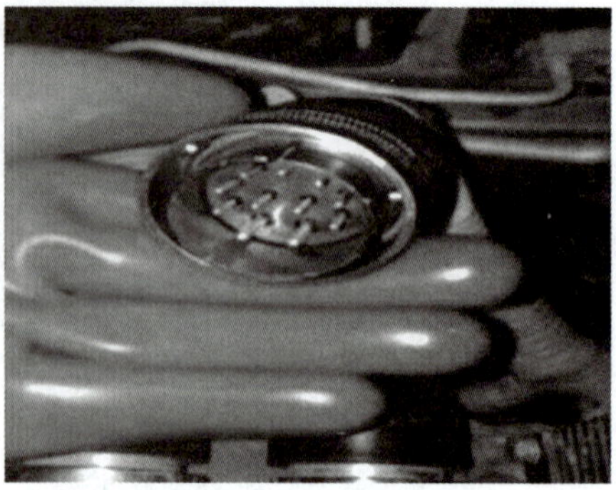

图 5-13　检查插件内插针

① 整理工量具。

② 清洁实训场地防护。

【警示】

1. 严禁违规操作绝缘电阻测试仪。
2. 在实训过程中，一旦出现制冷剂泄漏，立即停止实训，并按规定处理。
3. 为保证教学安全性，严禁在车辆行驶的条件下进行任何测试。

任务工单　纯电动汽车电动空调制冷系统检查保养

学院		专业	
姓名		学号	
小组成员		组长姓名	

知识重点

1. 纯电动汽车吉利帝豪 EV450 空调设备的制冷剂主要是（　　）

A. R12　　B. R134a　　C. R134　　D. R22

2. 下列说法正确的是（　　）

A. 从气体变成液体时放出的热称为液化吸热　　B. 从液体变成气体时所需的热称为蒸发吸热

C. 从固体变成液体时吸收的热称为溶解放热　　D. 从固体变成气体时吸收的热称为升华放热

3. 简述纯电动汽车吉利帝豪 EV450 对制冷剂的要求

任务方案

请各小组根据教材、维修手册、在线课程的示范操作视频，以小组为单位，自主探究具体实训任务方案，完成最终方案，并上传至网络学习平台

一、制订初拟实训任务方案

根据纯电动汽车电动空调制冷系统检查保养任务要求，制订纯电动汽车电动空调制冷系统检查保养计划

制订纯电动汽车电动空调制冷系统检查保养初拟方案		
序号	作业项目	操作要点
计划审核	审核意见： 签字：	年　月　日

二、根据任务计划完成小组分工

操作人员		安全员	
记录员		审核员	

仪器设备、工具、耗材			
序号	名称	数量	检查是否正常
1			□是□否
2			□是□否
3			□是□否
4			□是□否
5			□是□否
6			□是□否
7			□是□否
8			□是□否
9			□是□否
10			□是□否

三、制订最终实训任务方案

根据纯电动汽车电动空调制冷系统检查保养任务要求，制订纯电动汽车电动空调制冷系统检查保养计划

完善纯电动汽车电动空调制冷系统检查保养最终方案		
序号	作业项目	操作要点
计划审核	审核意见： 签字：	年　月　日

任务实施

<table>
<tr><td colspan="4">一、前期准备(13 分)</td></tr>
<tr><td>实训内容</td><td colspan="3">操作要求</td></tr>
<tr><td rowspan="5">个人安全防护
(5 分)</td><td colspan="3"></td></tr>
<tr><td colspan="3"></td></tr>
<tr><td colspan="3"></td></tr>
<tr><td colspan="3"></td></tr>
<tr><td colspan="3"></td></tr>
<tr><td rowspan="6">车辆防护
(5 分)</td><td colspan="3"></td></tr>
<tr><td colspan="3"></td></tr>
<tr><td colspan="3"></td></tr>
<tr><td colspan="3"></td></tr>
<tr><td colspan="3"></td></tr>
<tr><td colspan="3"></td></tr>
<tr><td rowspan="3">高压下电
(3 分)</td><td colspan="3"></td></tr>
<tr><td colspan="3"></td></tr>
<tr><td colspan="3"></td></tr>
<tr><td colspan="4">二、空调制冷系统检查保养(47 分)</td></tr>
<tr><td rowspan="3">1. 制冷系统的外观检查(10 分)</td><td>检查空调制冷系统各管路接头处(□是□否)有油污及灰尘,若有油污灰尘则有可能泄漏</td><td rowspan="3">结果判定</td><td rowspan="3">□正常
□损坏</td></tr>
<tr><td>检查冷凝器表面(□是□否)有脏污,若有应及时处理</td></tr>
<tr><td>检查低压管路(□是□否)有结霜或结冰,若有结霜则膨胀阀开度过大</td></tr>
<tr><td rowspan="6">2. 压缩机异响检查(10 分)</td><td>启动开关置于________位置</td><td rowspan="6">结果判定</td><td rowspan="6">□正常
□损坏</td></tr>
<tr><td>按下空调开关</td></tr>
<tr><td>将冷热风调节旋钮旋至________位置,风量调节旋钮调至________位置</td></tr>
<tr><td>将所有车门打开</td></tr>
<tr><td>举升车辆并穿戴绝缘防护用具</td></tr>
<tr><td>判定压缩机工作声音(□是□否)正常,可用听诊器直接放在空调压缩机上听取,若是电机及内部零件有运转及摩擦声音,属正常工作声音</td></tr>
<tr><td rowspan="2">3. 绝缘电阻测试仪的功能验证(5 分)</td><td>绝缘电阻测试仪的断路检查(□是□否)正常
连接绝缘电阻测试仪的 T+、T−检测线,红色、黑色鳄鱼夹断路,先点击 START/STOP 按键,将量程调至“100V”挡位,再按下 TEST 键,测量绝缘电阻值为________,标准值应为 OL</td><td rowspan="2">结果判定</td><td rowspan="2">□正常
□损坏</td></tr>
<tr><td>绝缘电阻测试仪的短路检查(□是□否)正常
连接绝缘电阻测试仪的 T+、T−检测线,红色和黑色鳄鱼夹短接,先点击 START/STOP 按键,将量程调至“100V”挡位,再按下 TEST 键,读取的阻值为________,标准值应为 0Ω</td></tr>
</table>

4. 压缩机绝缘检测(10分)	拔下高压盒高压附件线束插接器	结果判定	□正常 □损坏
	检查绝缘手套的绝缘等级及密封性，佩戴绝缘手套		
	用________的________鳄鱼夹接BV33端子接压缩机电源正极，绝缘电阻测试仪的黑色鳄鱼夹接车身		
	将挡位旋至________挡，测量绝缘电阻为________，查阅维修手册，________端子与车身的绝缘电阻标准值为≥200MΩ		
5. 检查电路线束(10分)	检查电路线束及插接件连接处(□是□否)对插到位，有无松动、破损、腐蚀等问题，若有则修复或更换	结果判定	□正常 □损坏
	检查高压线束波纹管(□是□否)有破损，若有则修复或更换		
	检查插件内插针(□是□否)有退针、弯曲等异常现象，如有则修复或更换		
6. 整车高压上电(2分)	连接动力电池直流母线车载充电机端插接件		
	连接低压蓄电池(□正极 □负极)电缆		
	启动车辆，READY指示灯亮，即为上电完成		
三、实训场地6S(5分)			
场地6S	按照6S管理标准，整理工具和场地		

任务检查

实训指导老师跟踪实训过程，检查实训结果，并结合整个实训过程给出改进措施及建议

序号	评价指标	结果
1	个人安全防护	
2	车辆安全防护	
3	高压下电	
4	制冷系统的外观检查	
5	压缩机异响检查	
6	绝缘电阻测试仪的功能验证	
7	压缩机绝缘检测	
8	检查电路线束	
9	整车高压上电	
10	场地6S	
意见和建议		
综合评价		

任务评价

结合自己在实训过程中的表现，进行自我评价及自我反思

一、自我评价

____

____

____

二、自我反思

____

____

____

实训成绩单

项目	评分标准	分值	小组自评分数（30%）	教师评价分数（70%）	综合分数
任务方案（20分）	制订纯电动汽车电动空调制冷系统检查保养计划	10			
	能协同小组人员安排任务分工	5			
	能在实施前准备好所需要的工具器材	5			
任务实施（65分）	个人安全防护	5			
	车辆安全防护	5			
	高压下电	3			
	制冷系统的外观检查	10			
	压缩机异响检查	10			
	绝缘电阻测试仪的功能验证	5			
	压缩机绝缘检测	10			
	检查电路线束	10			
	整车高压上电	2			
	场地6S	5			
注意：若高压下、上电过程或者绝缘电阻检测过程出现安全违规操作，任务实施过程分值为0					
任务检查（10分）	学生任务完成，操作过程规范	10			
学生任务评价（5分）	学生能对自身表现情况进行客观评价	2			
	学生在任务实施过程中发现自身问题	3			
得分（满分100）					

教学课件

纯电动汽车空调送风与暖风系统检查保养

任务二　纯电动汽车空调送风与暖风系统检查保养

任务目标

素质目标：

1. 培养学生诚实守信的职业习惯；
2. 培养学生吃苦耐劳的职业精神。

知识目标：

1. 归纳空调送风系统的检查保养内容；
2. 归纳空调暖风系统的检查保养内容。

技能目标：

1. 能够从维修手册或车辆标签中找出制冷剂型号和加注量。
2. 能够安全规范地使用完成空调送风与暖风系统的检查保养。

任务描述

纯电动汽车吉利帝豪 EV450 已经行驶了 40800km，维修技师要对空调送风与暖风系统进行检查保养。那么，为什么要做空调送风与暖风系统的检查保养？具体内容有哪些？如何制订方案？如何安全规范地进行空调送风与暖风系统的检查保养？

知识储备

纯电动汽车空调系统和传统燃油汽车空调系统工作原理相同，如图 5-14 所示，只是空调压缩机的驱动方式以及暖风产生方式有所不同。纯电动汽车采用高压电动空调压缩机，由动力电池驱动。

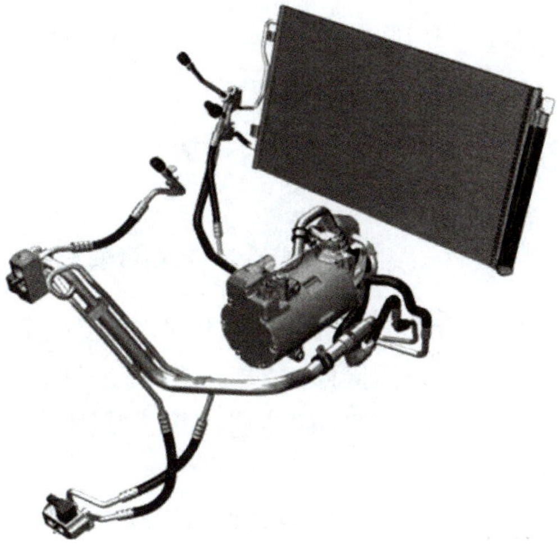

图 5-14　纯电动汽车空调系统

一、纯电动汽车空调送风与暖风系统

1. 纯电动汽车空调送风与暖风系统组成

目前电动汽车制热系统包括鼓风机和电加热器（PTC）、加热器水泵、加热器芯体等。

主要采用电加热辅助空调系统，即单冷空调（AC），外加热敏电阻加热器辅助加热，主要有两种方案：第一种是采用 PTC 空气加热器直接加热空气，冷空气直接流经加热器表面，加热后送入车内，由于高压 PTC 接入乘员舱内，存在一定的安全风险；第二种方案是采用 PTC 水暖加热，采用水加热器间接加热空气，加热器先把水加热，热水流入暖风芯体与冷空气换热，冷空气被加热后送入乘员舱内。PTC 水暖加热是目前成熟且安全的采暖方案，广泛应用于电动汽车上，其主要缺点是对动力电池的消耗极大，严重缩短了电动汽车的续驶里程。

2. 纯电动汽车制热系统工作原理

以吉利帝豪 EV450 制热系统为例，结构原理如图 5-15 所示。

当自动空调系统处于加热模式时，加热器在高压电的作用下对冷却液进行加热，高温冷却液被加热器水泵抽入加热器芯。同时，冷暖温度控制电机旋转转至采暖位置，气流在鼓风机的作用下流过加热器芯，产生热量传递。外部空气在进入乘客舱前，与加热后的空气混合，吹出舒适的暖风。

教学视频

新能源汽车暖风系统

二、新能源汽车空调的送风系统检查与维护

（一）空调暖风系统检查与维护

（1）检查电路线束及插接件连接处是否对插到位，有无松动、破损、腐蚀等问题，若未达到要求则修复或更换。

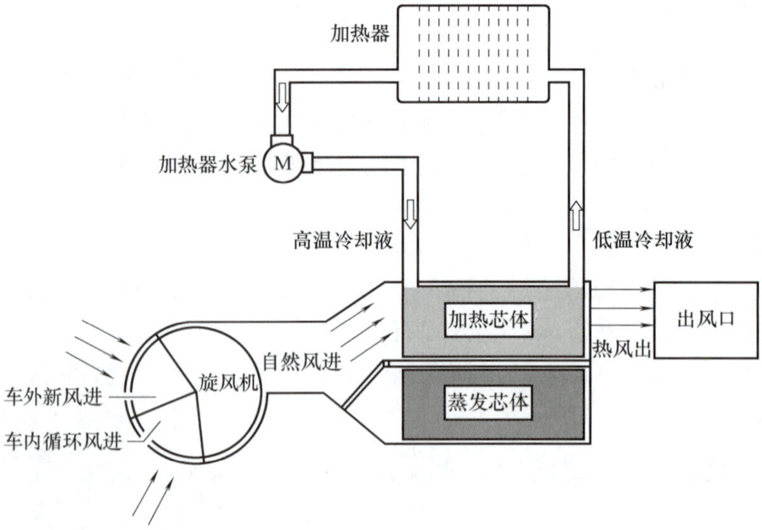

图 5-15　吉利帝豪 EV450 纯电动汽车制热系统工作原理

（2）检查插接件线束波纹管有无破损，若有则修复或更换。

（3）检查插接件内插针是否有退针、弯曲等异常现象，若有则修复或更换。

（4）检查 PTC 螺栓连接是否紧固，确认拧紧力矩是否符合要求，若不符合则进一步拧紧到维修手册上要求的力矩。

（二）空调滤清器滤芯的更换

1. 拆卸手套箱

空调滤清器滤芯大多安装在副驾驶侧的手套箱内，具体车型参阅车辆维修手册。打开手套箱，通过挤压手套箱两侧的塑料卡扣，便能把手套箱轻松移出，如图 5-16 所示。

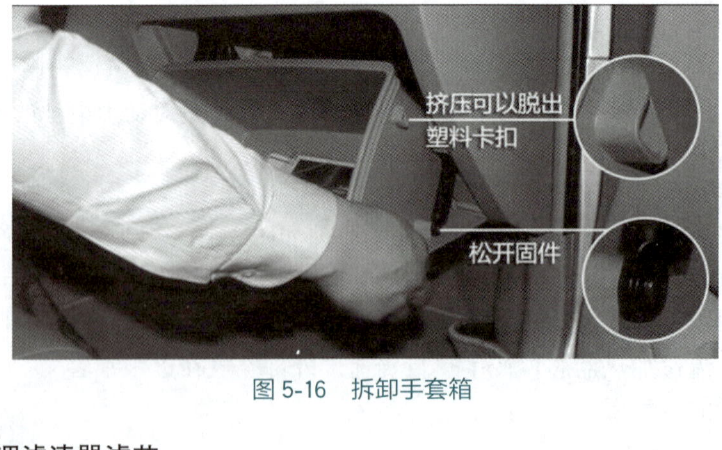

图 5-16　拆卸手套箱

2. 拆卸空调滤清器滤芯

移出手套箱后，便可以看到空调滤清器，它由一个塑料支架承载着，通过松开两个卡扣可以把空调滤清器及其支架拉出，取出空调滤清器滤芯，如图 5-17 所示。

3. 清洗空调滤清器滤芯

取出空调滤芯，若滤芯过脏，则需要用风枪高压空气进行清理。喷嘴与滤芯保持

50mm 的距离，以 500kPa 气压吹大约 2min，如图 5-18 所示。如果滤芯有过多的脏污，并且已严重堵塞，则需要更换新的滤芯。

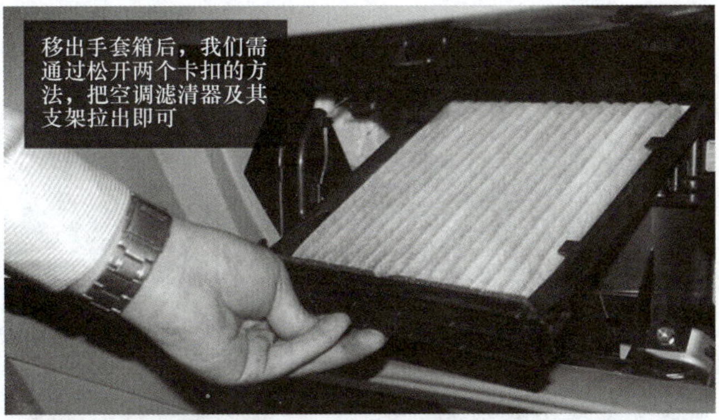

图 5-17　拆卸空调滤清器滤芯

图 5-18　吹扫空调滤清器滤芯

建议车主选用带活性炭的空调滤芯，不过其价格略高一些。

【注意】

每一款车型空调滤清器的位置不一样，有的是在前挡风玻璃下面，也有的是在副驾驶位的手套箱里，需要自行拆卸的车主可以查看用车手册，也可以咨询 4S 店。

4. 安装空调滤清器滤芯

更换安装空调滤芯时需要注意安装方向，如图 5-19 所示，安装空调滤清器及其支架，并锁止两个卡扣。

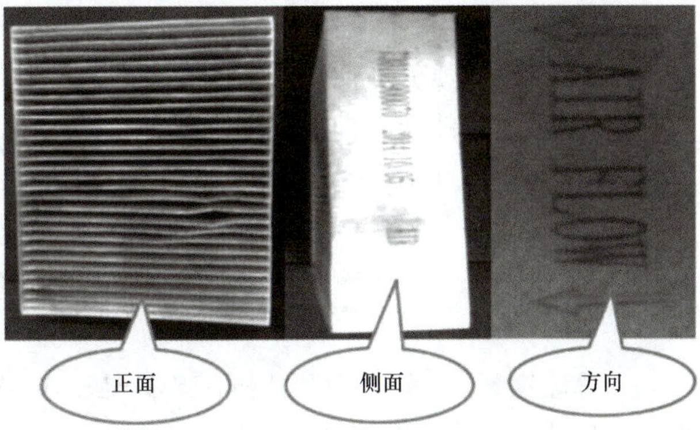

图 5-19　安装空调滤芯的安装方向

5. 安装手套箱

通过挤压手套箱两侧的塑料卡扣，安装手套箱。

（三）检测 PTC 绝缘性

电动汽车的空调加热器 PTC

属于高压部件，需要检查 PTC 正负极的绝缘电阻是否正常，空调加热器 PTC 接口如图 5-20 所示。

1. 准备工作

（1）穿好个人防护装备。

① 穿好工作服。

② 佩戴绝缘手套。

③ 佩戴护目镜。

④ 穿绝缘鞋。

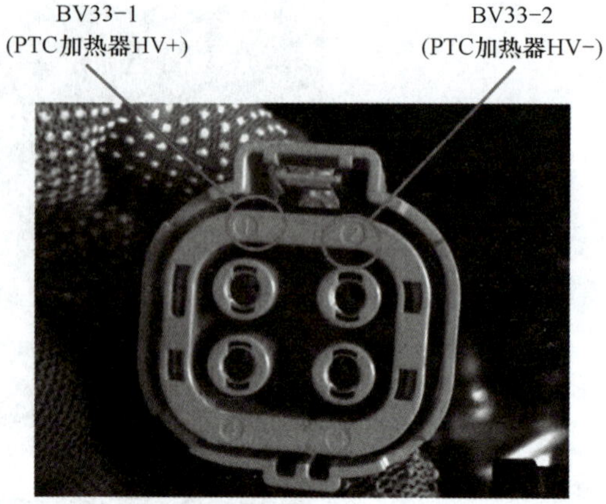

图 5-20　空调加热器 PTC 接口

【注意】

1. 使用前必须检查绝缘防护用品，保证其无破损、破洞和裂纹，内外表面清洁、干燥，不能带水进行操作，确保安全。

2. 在实训过程中，不可佩戴金属首饰。

（2）场地防护。

① 设置高压警示牌。

② 放置灭火器。

③ 设置警戒线。

④ 设置专用维修工位接地线。

⑤ 设置绝缘地垫。

【注意】

1. 在维修作业前需采用隔离措施：使用警戒栏隔离，并竖立高压警示牌，以警示不相关人员远离该区域，避免发生安全事故。

2. 保持工作环境干净且通风良好，远离液体和易燃物。

（3）车辆防护。

① 车辆正确停至工位。

② 安装车轮挡块。

③ 目测车辆外观无异常。

④ 铺设车内三件套（脚垫、座椅套、方向盘套）。

⑤ 将点火开关置于 OFF 挡。

⑥ 将挡位置于 P 挡。

⑦ 打开前机舱盖并安装车外三件套（左侧翼子板布、右侧翼子板布、前进气格栅布）。

【注意】 将车辆置于 P 挡，且拉起驻车制动器，防止在实训过程中车辆突然前窜，防止危险事故的发生。

（4）高压下电。

① 拆卸低压蓄电池负极电缆。

② 断开动力电池直流母线车载充电机端插接件，需要等待 5min 以上（待电机控制器、充电机等内部有电容元件的部件充分放电），用万用表的直流挡位，测量动力电池直流母线端正、负极电压，若测量电压应小于 1V，则说明整车高压下电成功。

③ 使用绝缘胶带，封堵直流母线车载充电机端插接件的正、负极端子，避免在操作过程中手指触摸高压线束插接件里的带电部分，造成触电事故。

【注意】

1. 使用万用表测量高压时，需遵守“单手操作”原则。

2. 使用万用表测量高压时，严禁触摸表笔金属部分。

3. 维修车辆时，必须设置专职监护人一名，监护人和维修人员必须具备国家认可的《特种作业操作证（电工）》与《初级（含）以上电工证》（职业资格证书）。

4. 监护人工作职责为监督维修的全过程。

2. PTC 绝缘电阻测试

（1）绝缘电阻测试仪红色鳄鱼夹接 BV33 的 1 号端子 BV33-1（HV+），黑色鳄鱼夹接车身搭铁，打开绝缘电阻测试仪的开关 ON/OFF，调至 DC1000V，按下 TEST 按键，测量 PTC 正极与车身绝缘电阻，如图 5-21 所示，绝缘电阻的标准值大于 500MΩ，若未达到则修复或更换。

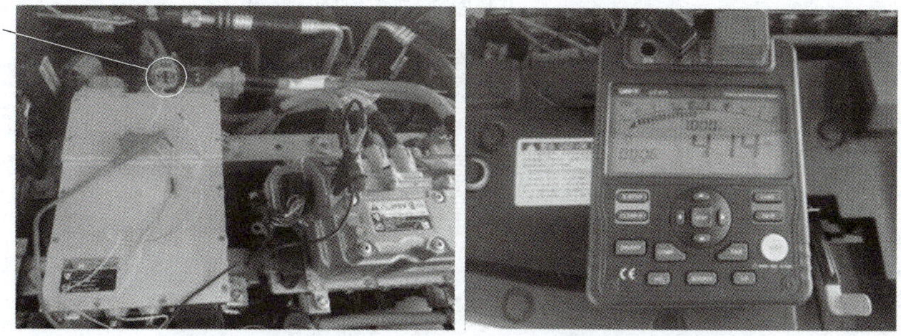

图 5-21　测量 PTC 的 BV33-1（HV+）对车身的绝缘电阻

（2）按（1）测量方法，检测 BV33 的 2 号端子 BV33-2（HV−）对于车身的绝缘电阻，如图 5-22 所示，绝缘电阻的标准值大于 500MΩ，若未达到则修复或更换。

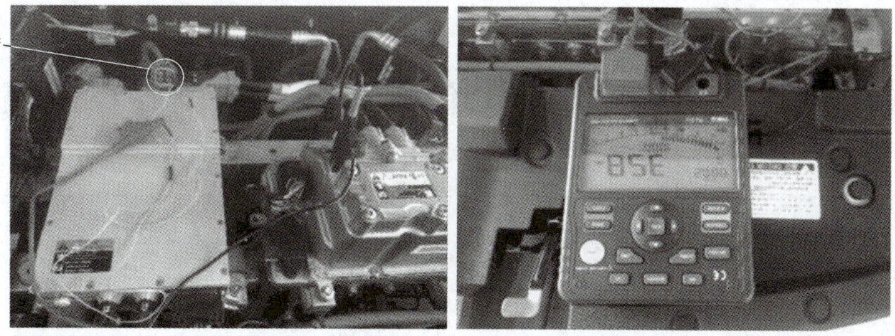

图 5-22　测量 PTC 的 BV33-2（HV−）对车身的绝缘电阻

【注意】

1. 检查 PTC 绝缘性时一定要断开高低压电。

2. PTC 为高压电器件，断开插接件时请注意安全。

3. 当制热功能启动时，制冷系统不能同时工作，若启动制热时，制冷系统已处于工作状态，则随制热的启动而停止工作，关闭制热后恢复工作。

（3）高压上电。

① 连接直流母线充电机端插接件。

② 连接蓄电池负极电缆，关闭机舱盖。

③ 将车辆置于 ON 挡，显示屏显示 READY 指示灯亮，如图 5-23 所示，说明上电已经完成。

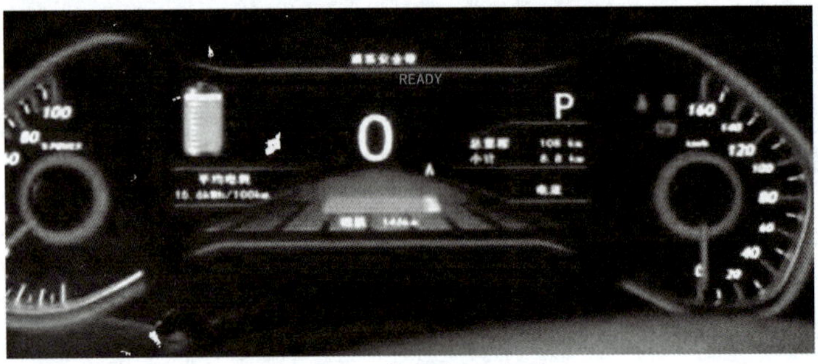

图 5-23 整车上电完成

（4）场地 6S。

① 整理工量具。

② 清洁实训场地防护。

【警示】

1. 严禁违规使用绝缘工具、仪器仪表，注意轻拿轻放，有序操作。

2. 严格遵守实训规程，按照指导老师要求完成实训操作。

3. 为保证教学安全性，严禁在车辆行驶的条件下进行任何测试。

4. 若仪器仪表出现故障问题，请立即停止一切操作，严禁私自拆卸修复。

任务工单 纯电动汽车空调送风与暖风系统检查保养

学院		专业	
姓名		学号	
小组成员		组长姓名	

知识重点

1. 纯电动汽车空调系统和传统燃油汽车空调系统工作原理相同，只是________以及________有所不同
2. 目前电动汽车制热系统包括鼓风机和________、________、加热器芯体等组成
3. 简述暖风通常采用电加热方式

任务方案

请各小组根据教材、维修手册、在线课程的示范操作视频，以小组为单位，自主探究具体实训任务方案，完成最终方案，并上传至网络学习平台

一、制订初拟实训任务方案

根据纯电动汽车空调送风与暖风系统检查保养任务要求，制订纯电动汽车空调送风与暖风系统检查保养计划

制订纯电动汽车空调送风与暖风系统检查保养初拟方案		
序号	作业项目	操作要点
计划审核	审核意见： 年　月　日 签字：	

二、根据任务计划完成小组分工

操作人员		安全员	
记录员		审核员	

仪器设备、工具、耗材			
序号	名称	数量	检查是否正常
1			□是□否
2			□是□否
3			□是□否
4			□是□否
5			□是□否
6			□是□否
7			□是□否
8			□是□否
9			□是□否
10			□是□否

三、制订最终实训任务方案

根据纯电动汽车空调送风与暖风系统检查保养任务要求，制订纯电动汽车空调送风与暖风系统检查保养计划

完善纯电动汽车空调送风与暖风系统检查保养最终方案		
序号	作业项目	操作要点
计划审核	审核意见： 年　月　日 签字：	

任务实施

一、前期准备（13 分）	
实训内容	操作要求
个人安全防护（5 分）	
车辆防护（5 分）	
高压下电（3 分）	

二、空调制冷系统检查保养(47 分)			
1. 空调暖风系统检查与维护(10 分)	检查电路线束及插接件连接处(□是□否)对插到位,(□是□否)有松动、破损、腐蚀等问题,若未达到要求则修复或更换	结果判定	□正常 □损坏
	检查插接件束波纹管(□是□否)有破损,若有则修复或更换		
	检查插件内插针(□是□否)有退针、弯曲等异常现象,若有则修复或更换		
	检查 PTC 螺栓连接(□是□否)紧固,确认拧紧力矩是否符合要求,若不符合则进一步拧紧到维修手册上要求的力矩		
2. 空调滤清器滤芯的更换(20 分)	打开手套箱,通过挤压手套箱两侧的塑料卡扣,把手套箱轻松移出	结果判定	□正常 □损坏
	松开两个卡扣,把________及其支架拉出,取出空调滤清器滤芯		
	将冷热风调节旋钮旋至________位置,风量调节旋钮调至________位置		
	取出空调滤芯,若滤芯过脏,则需要用风枪高压空气喷嘴与滤芯保持________的距离,以________气压吹大约 2min		
	安装空调滤清器及其支架,并锁止两个卡扣		
	通过挤压手套箱两侧的塑料,安装手套箱		
3. 绝缘电阻测试仪的功能验证(5 分)	绝缘电阻测试仪的断路检查(□是□否)正常 连接绝缘电阻测试仪的 T+、T−检测线,红色、黑色鳄鱼夹断路,先点击 START/STOP 按键,将量程调至“100V”挡位,再按下 TEST 键,测量绝缘电阻值为________,标准值应为 OL	结果判定	□正常 □损坏
	绝缘电阻测试仪的短路检查(□是□否)正常 连接绝缘电阻测试仪的 T+、T−检测线,红色和黑色鳄鱼夹短接,先点击 START/STOP 按键,将量程调至“100V”挡位,再按下 TEST 键,读取的阻值为________,标准值应为 0Ω		
4. 检测 PTC 绝缘性(10 分)	绝缘电阻测试仪红色鳄鱼夹接______,黑色鳄鱼夹接车身搭铁,打开绝缘电阻测试仪的开关 ON/OFF,调至 DC ______,按下 TEST 按键,测量 PTC 正极与车身绝缘电阻为______,绝缘电阻的标准值大于 500MΩ,若未达到则修复或更换	结果判定	□正常 □损坏
	绝缘电阻测试仪红色鳄鱼夹接______,黑色鳄鱼夹接车身搭铁,打开绝缘电阻测试仪的开关 ON/OFF,调至 DC ______,按下 TEST 按键,测量 A 组负极的绝缘电阻为______,绝缘电阻的标准值大于 500MΩ,若未达到则修复或更换		
	绝缘电阻测试仪红色鳄鱼夹接______,黑色鳄鱼夹接车身搭铁,打开绝缘电阻测试仪的开关 ON/OFF,调至 DC ______,按下 TEST 按键,测量 B 组负极的绝缘电阻为______,绝缘电阻的标准值大于 500MΩ,若未达到则修复或更换		
5. 整车高压上电(2 分)	连接动力电池直流母线车载充电机端插接件		
	连接低压蓄电池(正极 □负极)电缆		
	启动车辆,READY 指示灯亮,即为上电完成		
三、实训场地 6S(5 分)			
场地 6S	按照 6S 管理标准,整理工具和场地		

任务检查

实训指导老师跟踪实训过程，检查实训结果，并结合整个实训过程给出改进措施及建议

序号	评价指标	结果
1	个人安全防护	
2	车辆安全防护	
3	高压下电	
4	空调暖风系统检查与维护	
5	空调滤清器滤芯的更换	
6	绝缘电阻测试仪的功能验证	
7	检测 PTC 绝缘性	
8	整车高压上电	
9	场地 6S	
意见和建议		
综合评价		

任务评价

结合自己在实训过程中的表现，进行自我评价及自我反思

一、自我评价

____

____

____

____

二、自我反思

____

____

____

____

实训成绩单

项目	评分标准	分值	小组自评分数（30%）	教师评价分数（70%）	综合分数
任务方案（20 分）	制订纯电动汽车空调送风与暖风系统检查保养计划	10			
	能协同小组人员安排任务分工	5			
	能在实施前准备好所需要的工具器材	5			
任务实施（65 分）	个人安全防护	5			
	车辆安全防护	5			
	高压下电	3			
	空调暖风系统检查与维护	10			
	空调滤清器滤芯的更换	20			

续表

项目	评分标准	分值	小组自评分数(30%)	教师评价分数(70%)	综合分数
任务实施(65分)	绝缘电阻测试仪的功能验证	5			
	检测 PTC 绝缘性	10			
	整车高压上电	2			
	场地 6S	5			
注意:若高压下、上电过程或者绝缘电阻检测过程出现安全违规操作,任务实施过程分值为 0					
任务检查(10 分)	学生任务完成,操作过程规范	10			
学生任务评价(5 分)	学生能对自身表现情况进行客观评价	2			
	学生在任务实施过程中发现自身问题	3			
得分(满分 100)					

参考文献

［1］ 包丕利．新能源汽车维护与保养［M］．北京：机械工业出版社，2018.
［2］ 许云，赵良红．新能源汽车动力电池及充电系统检修［M］．北京：机械工业出版社，2018.
［3］ 刘福华，康朝国．新能源汽车结构原理与检修［M］．北京：中国轻工业出版社，2021.
［4］ 王爱兵．汽车维护与保养［M］．北京：北京理工大学出版社，2018.
［5］ 姜龙青．汽车维护与保养一体化教程［M］．北京：机械工业出版社，2019.
［6］ 李欢．新能源汽车维护与保养［M］．西安：西安电子科技大学出版社，2019.
［7］ 罗宏亮．新能源汽车维护与保养［M］．成都：西南交通大学出版社，2019.
［8］ 张远亮．新能源汽车维护与保养［M］．西安：西安电子科技大学出版社，2019.